U0923548

品牌上海

南京路上老字号

陆烨　高俊　等著

上海人民出版社

目 录

三、美容美发业

四、摄影业

五、旅店业

六、洗染业

七、百货商业

前言

“飞楼百丈凌霄汉，车水马如龙，南京路繁华谁冠，先施与永安，百货如山阜且丰，晚来光景好，电灯灿烂照面红，肩摩毂击来忽忽，城开不夜，窟宜销金，商业甲寰中……金迷纸醉销魂地，楼阁望巍巍。天街十丈平如纸，岂有软红飞。五陵年少争豪侠，裘马赌轻肥。美人如花不可数，衣香鬓影春风微。文化中心通商重地，世称小巴黎。繁华盛况孰能比，欧美也应稀。南京大路真可爱，精华此所萃。大家高歌进行曲，且歌且行乐怡怡。”

这是20世纪30年代一首名为《南京路进行曲》的歌曲，颂尽了当时南京路的繁华。一个半世纪以来，中国许多体现摩登、领导潮流的新事物，都从南京路开始。南京路上出现了中国第一座摩天大楼、第一辆有轨电车、第一部有声电影、第一个红绿灯系统。这条商业街始终高楼林立，店铺栉比，万商云集，百货杂陈，车水马龙，摩肩接踵。被当代学者誉为有纽约曼哈顿的高，巴黎香榭丽舍的雅，伦敦牛津大街的华，北京长安街的庄，集世界许多名城名街的特点于一身。南京路历来又是中国流行商品的发源地，是现代商业的展示台和竞技场，商业及其相关行业高度集聚。现今南京路上被国家商业部命名的中华老字号，占全上海总数的41%。这条经历

了一个多世纪沧桑的大街，仍然是今天上海商业繁盛之地，也是来上海观光旅游的必到之处。

南京路的发展与近代上海的历史几乎相始终。上海开埠之后，黄浦江边的外滩很快成为贸易中心，并逐渐成为全国的金融中心。在外滩工作的商人们需要休闲娱乐生活，1850 年，瑞麟洋行的外侨们组织跑马总会，最先在今南京东路、河南中路一带占据 80 余亩土地辟作花园，作为跑马场。次年，租界当局修筑从外滩通往抛球场花园的小道，名为花园弄（Garden Lane），又叫派克弄

(Park Lane)。这条不足500米的花园弄就是日后南京路的雏形，也是中国第一条近代意义上的马路。后来在花园弄以南又陆续修筑了五条东西向的马路，因为花园弄筑成最早，所以被居民们称为“大马路”。1854年，花园弄延伸至浙江路，1862年又延伸至泥城浜（今西藏路），1865年正式命名为南京路。1862年，租界政府以方便军队抵达与太平军作战的前线为理由，以越界筑路的方式，将花园弄向西延伸，穿过泥城浜，直通静安寺，这段新开辟的道路因静安寺前有一著名的涌泉，取名涌泉路，又名静安寺路，至抗战胜利后，改名为南京西路。

南京路商业街的发展分为多个阶段。早期以洋行为主，外侨的洋行在从事进出口贸易的同时，也兼营普通的商业，向上海的中外居民售卖远洋货轮带来的西式生活用品。中国人的商店也随后出现，一批广东商人随洋行来沪，在南京路宝善街一带经营进出口洋货和广东手工艺品，被上海当地人称为广货店。后来主营本地手工业产品和苏杭特产的京货店也在南京路纷纷开设，并兼营进口洋货。随着售卖洋货的日渐增多，很多广货店和京货店也被称为洋广杂货店。至19世纪80年代，洋行与中国各类商店聚集的南京路已有了现代商业街的雏形。

20世纪初，日用工业品大量进入上海市场，由于上海顾客的消费层次提高，品牌意识开始增强。南京路上逐渐汇聚起一大批特

色商店和名品商店，如专门经营绸缎布匹的老介福、协大祥、宝大祥，最早专营女装的朋街、鸿翔，专营鞋帽的中华、小花园等，专营钟表的亨达利、大光明等，专营眼镜的吴良材、茂昌等，专营南北干货的三阳、邵万生等。还有名品如张小泉剪刀店、王星记扇庄、老凤祥银楼等，南京路逐步提升为高档的商业街。

进入民国之后，已经风靡世界的环球百货业开始席卷上海。南京路的百货业首先由外国侨民开创，设立了惠罗、泰兴、福利等较大型的集吃、穿、用各种商品于一店的百货商场。华商也随之投资百货业，1917 年中国人筹设的先施公司在南京路浙江路路口开设，之后又有永安、丽华、新世界、新新、大新、中国国货公司先后开业，形成集群规模。这些华商百货公司集百货、餐饮、娱乐等业务于一处，为世界商品提供了最好的平台，在上海市民中深受欢迎。其中以先施、永安、新新和大新四家规模最大，并称上海四大公司。一些名牌国货的工厂也乘势在南京路开设门市部或发行所，如冠生园食品公司、泰康罐头食品公司、新光内衣厂、无敌香皂厂等。

据 1920 年出版的《上海商业名录》记载，当时南京路上共有外国洋行 16 家，华洋杂货店 27 家，洋布店 93 家，绸缎店 20 家，呢绒西服店 12 家，鞋帽店 14 家，钟表店 13 家，眼镜店 7 家，银楼 14 家，珠宝玉器店 6 家以及其他如药店、酒楼、饭店等数百家

之多。至近代上海繁荣时期，南京路已经形成了以大型综合性现代百货商店为骨干，中小型专业特色商店为支柱，小而分散的便利零售商店为补充的现代化商业中心，被誉为“中华商业第一街”。

上海解放后，人民政府对南京路进行了改造，使国有商业占据主导地位，成为人民的南京路。同时经过网点调查，扩迁了一批名特企业，使南京路以特色商品众多而吸引消费者。改革开放后，南京路经过旧区改造，新建了一批商业大厦，扩大规模效应，更在 1999 年 9 月落成全天候的南京路步行街。2020 年 9 月，步行街东拓段正式开街，南京路上的工商企业也继承发扬名特商品传统，注重塑造新品名

牌。今天的南京路借助现代化的基础设施，汇聚世界各地的著名品牌，提供比比皆是的便民服务，日益与国际大都市商业接轨。

南京路繁华的背后，是被上海吸引而至的各方商业团体在这里大显身手，及其所带来的不同商业文化的交织。上海首先是个江南城市，浸润着江南商业文化。自古因商业发达又具人文底蕴的杭州、苏州、扬州的产品长期引领潮流，杭州的杭锦丝织闻名中外，苏州的样式器物则被冠以“苏样”、“苏意”的风雅韵味，都是在上海颇受欢迎的品牌。苏杭商人的风雅精致、追逐潮流很快就在南京路上展现。以妇女的化妆品为例，开埠之初杭州人孔凤春、扬州人戴春林就在花园弄附近开设了非常有名的香粉店，引各地商人来此售卖化妆品。不久苏州人朱剑吾开设的老妙香室粉局在南京路设立发行所，其精制的以苏州鲜花为原料的和合牌鹅蛋香粉很快成为南京路乃至全国的翘楚，甚至引起了慈禧太后的关注。王星记的扇子是传统杭州“三绝”之一，曾经进入京城深受贵族与文人的喜爱，迁至南京路后，悉心调研上海各阶层的用扇偏好，吸收风行国际市场的日本、法国扇子的特点，研发出用檀香木为原料、绘以西湖风景的檀香绢面扇，一时畅销海内外，名声远播南洋、欧美等地。南京路以其繁荣的市场和国际性特点，为传统商品提供了改进自身而走向全国和世界的最好平台。

成为通商口岸之后，大量的外侨移居上海。据统计，近代上海

的国际移民来自58个国家和地区，最多时超过15万人，当时的中国人就认为“走在南京路上的时候，你会觉得好像在参加世界各族大聚会”。南京路筑成之初，主要的商业力量就是外侨开设的洋行。除了纱布、五金器材、洋酒等欧洲大众货，来自不同国家的商人带来了本国引以为傲的产品。如德商洋行以洋针、纱团、花边等杂货较多，英商洋行侧重于高档呢绒、棉毛织品、布匹等，美商洋行以肥皂、洋油、洋烛等日用品较多，法商洋行以香水、香粉、香皂等化妆品为多。这些洋行不仅让南京路成为各国新潮名品的展销地，也把上海带入了新的工业文明和全球化时代。1932年的上海人由衷地赞叹南京路：

> 南京路不愧是世界的大商场。你看，橱窗内陈列着有的是千金的珍玩，宝贵的器皿，华美的装饰物，富丽的日用品……这是一九三一年最新式的别克轿车，那是刚才到埠的上等法兰西绒；这边是报时最准确的德国金表，那又是价值昂贵的珍珠钻戒，还有无色的绫罗，魅力的绸缎，还有高贵的呢帽，精美的高跟鞋。……啊，伟大啊！伟大的南京路，伟大的东方百老汇！

产品之外，外商还带来了细致务实、追求效率的商业精神。洋

行竭力培植进口货物批发字号销售商品，对南京路的批发商店采取各种优待办法。例如对贷款可开 7—10 天期票，对量大的批发户给予折扣；订货手续简化高效，甚至口头约定也同样有效，一般不付定样，货物运到上海后商店只需先付清关税，即可在两个月内陆续出货；洋行用各种途径摸清各商店实力和老板的商业信用，分大中小三个类型，与商业信誉好的商店多做生意，对一般商店则酌情推销。这些经商手法，也为崛起中的中国近代商人提供了国际贸易的学习经验。

在南京路的中小型特色商店领域称雄的是宁波商人。上海的对外通商，使有海外贸易传统的宁波商人迅速在上海滩崛起。宁波商帮主要投资于航运业、五金业、棉纺业等，其商业也很快在南京路显露峥嵘。至20世纪30年代，宁波商人在南京路上开办或组织的商号近五十家，约占华人商号的三分之一，涉及二十多个行业，吃、穿、玩、用、住样样都有。著名的有培罗蒙西服店、邵万生南货店、三阳南货店、乐源昌铜锡五金店、亨得利和亨达利钟表店、中华皮鞋店、中华皮鞋厂、老正兴菜馆、蔡同德国药号、泰康食品店、协大祥绸布店等。宁波商人的勤劳细心和灵活创新在南京路上展现得淋漓尽致，也通过乡谊而致商号快速聚集。三阳南货店以宁波马蹄糕打出名声，始创自产自销，注重精细加工，引领了南京路南货店潮流，与被吸引而至的邵万生、天福并称为南京路“三只半柜台”。老凤祥银楼以“千方百计满足顾客需求”为经营之道，与裘天宝、方九霞、新凤翔等四家宁波帮银楼曾占据了上海金银饰品销售总额的60%。由宁波商人开设的中华皮鞋公司则经过研究中国人与外国人不同的脚型，别出心裁地为顾客设立了“脚型档案”，以致名扬中外，英国王室婚礼时也曾向中华皮鞋公司定制了100双不同式样的女式皮鞋。

在环球百货业争霸的是广东商人。广东商人自明代起就来到上海开拓市场，上海开埠之后的重要机构轮船招商局、机器织布局、

电报局等都是由广东商人为主创办的。在商业领域，广东南海商人也创办了南洋烟草公司、上海冠生园等著名企业，成为上海社会经济中举足轻重的力量，而在南京路上留下最浓墨重彩一笔的则是广东香山籍商人的环球百货业四大公司，充分展示了广东商帮开拓创新、勇于竞争、放眼全球的商业精神。外商气派的百货公司在南京路拔地而起之后，香山籍的南洋华侨马应彪、郭泉和郭乐兄弟、李敏周、蔡昌先后创设中国人自己的百货公司先施、永安、新新和大新，并在与外商的较量中逐步占据上风。规模宏伟的四大百货公司的成立，给予了上海更好地展示国际品牌的平台，不仅包括中国各地的特产，20 世纪国际市场上流行的著名产品，如英国的毛织品，日本的人造纤维，德国的五金、皮革，法国的化妆品，美国的电器用品，澳洲的罐头食品，捷克的玻璃器皿，瑞士的钟表等世界品牌都能在南京路购买到，也让南京路真正从小杂货铺跨入了与国际大都会地位相称的环球百货商业业态。四大公司为吸引顾客，在商业竞争中新招迭出，各有杀手锏。首先成立的先施公司是上海第一家使用升降机输送顾客，第一家招聘使用女营业员，第一家集购物、餐饮、休闲、娱乐于一体的大型综合多功能百货公司，曾经日客流量全市第一。永安公司开设了上海第一家对外营业的舞厅，推行送货上门、VIP 客户打折卡等今天商家依然沿用的手段。新新公司则利用当时中国尚属罕见的广播电台推介公司货品和促销活动，创

下两个纪录：上海第一家华人创办的广播电台、中国第一座民营电台。成立最晚的大新公司从美国进口了上海第一部自动扶梯，这部奥迪斯扶梯每小时可供 4000 人上下，无疑成了最好的招徕顾客的广告，让追逐新奇的上海市民如潮涌般而来。

南京路也是商业传奇迭出的舞台，许多小人物通过不懈努力在这里实现了他们的“上海梦”。犹太人哈同刚到上海打工时身上仅有六个银元，凭借着精明与勤奋，在做清洁工的同时经商奋斗，用心经营南京路的房地产，最终成为“拥有半条南京路”的商业大

亨，四大公司等商业大厦的房地产权皆归他的名下。宁波人黄楚九，十六岁到上海时仅怀揣一本祖传药书，在摆摊买药时悉心钻研市场，后自制龙虎人丹，与日本产品竞争，成为上海新药业巨头。同时也不断涉足新的领域，在南京路上创办了当时上海最大的综合性游乐场所新世界游乐场。南京路也给了近代以来上海独立自由的新女性在商海施展的平台。毕业于暨南大学的文艺女青年吴湄转战商界，在静安寺路筹资兴办梅陇镇酒家，梅陇镇改变了南京路中餐业注重菜式而忽视服务质量和环境氛围的传统形象，成为文艺界、实业界人士经常聚会之地，提升了南京路饮食业的文化档次。出身贫寒的汤蒂因百折不挠地经营文具业，自设工厂定牌制作的“绿宝”金笔成为永安公司等南京路著名商店的拳头商品，被认为是可与美国“派克”金笔相媲美的国产品牌。

上海自近代以来以商业立市，通过现代化工商业的发展而奠定中国商业中心和远东第一大都市的地位。南京路既是上海最早的商业街，也是这座商业中心城市的商业中心。南京路上数以百计闻名中外的老字号品牌，体现了上海创新、融合、卓越、时尚的商业文化品格，也是上海城市精神的最佳诠释。

极具全球视野，包容中外商业文化，给世界各地品牌提供展示平台，即是海纳百川的广阔胸怀。

注重商品的高档精致，打造世界的知名品牌，追逐最新的时尚潮流，即是追求卓越的经商理念。

开放接受新鲜事物，积极吸收新的生产与生活模式，精益求精地改革与创新经营模式，即是开明睿智的行商眼光。

信奉顾客至上的宗旨，追求诚信公正的待客方式，正确对待行业竞争，即是大气谦和的商业态度。

以此而言，南京路就是微缩版的上海，上海就是更大的南京路。

（陆　烨）

一、服装业

鸿翔时装公司

上海百年品牌“鸿翔”，全称鸿翔时装公司，在民国六年（1917年）成立于原静安寺路（今南京西路）863号，是上海第一家由中国人开办的专营女子时装的特色店。在民国二十一年（1932年）时，在西藏中路开设鸿翔支店，后来迁往南京路750号，即今日鸿翔时装公司（东号）。1993年，鸿翔时装公司迁往南京西路948号。鸿翔时装公司自其成立迄今，在女装的造型设计、工艺处理等方面形成了它独有的特色。

“鸿翔”的前身是专做女装的金字招牌“金鸿翔”。“金鸿翔”这个名字就是由最早的创始人金鸿翔以本人的名字来命名的。在当时荣昌祥领军中国男式西服业崛起时，有个默默无名的小裁缝把目光瞄准了西式女装，这个人就是金鸿翔。他的父亲也是一个老裁缝，金鸿翔在13岁的时候就跟父亲学手艺，之后又在张凤歧师傅店里学生意。金鸿翔非常的虚心好学，尊重同行中人，对师傅张凤歧，更是敬重有加。在金鸿翔20岁时，他就已经成了一个技术高超的女式西服裁制高手。很快，金鸿翔就出师了，离开上海的金鸿翔来到了舅舅开在海参崴的裁缝店。在这个全然陌生的地方，金鸿翔是以一个女式西服裁制高手的面目出现在众人面前。之后第一次世界大战爆发，海参崴华侨纷纷回国，金鸿翔也回到了上海。

金鸿翔一直非常想自己开一家店，因此他先是在悦兴祥西衣店做工，这里的外国人多，在这里他努力积累经验和客户资料。在

与外国人交流的过程中，他意识到同外国人打交道一定要懂得英语，于是他白天做工，晚上还坚持去夜校学英语。就这样，在金鸿翔的坚持和努力下，在1927年终于有一个机会摆在他面前，他也抓住了这个机会。那时在上海张家花园①旁，有一家马车行歇业房地要出租，有三开间门面，离静安寺不远，地理位置十分理想。金鸿翔请人联系地主，但是苛刻的条件让金鸿翔犯难，他左右盘算，租地造屋把店开下来，再加保证金，非得要几千元才行。然而机会难得，他决定采用当年民间自筹资金的一种办法，请朋友们凑一个30元一份的“会”费，又向亲戚朋友借钱，总算把店面盘了下来，开了一家西式服装店。

在酝酿店名时，金鸿翔着实动了一番脑筋，最后确定以他本人大名命名，一来可以保证个人品牌利益，二来“鸿翔”两个字十分吉利，象征着鹏程万里。在当时的南京路，男装已经被荣昌祥打出了品牌，但是女装却只有一家外国人开的店。金鸿翔凭借着他超高的商业头脑，认为随着上海以及国内女性地位的提高，女装的发展一定会越来越好，而金鸿翔自小就是学做的女装，这样也可以发展出属于自己的特色品牌，于是，店铺定为以专门制作女装为特色。事实证明金鸿翔的眼光独到，之后鸿翔公司的发展确实越来越好。在店面盘下来了之后，金鸿翔一有空闲就会不停地翻阅那些搜集来的外国时装杂志，也时常跑去南京路等一些闹市口去观察时髦的女郎，并且出钱让兄弟仪翔去外国人设计师处学艺。另外他还不惜代价，订购法国巴黎和美国出版的昂贵的最新服装时尚杂志和画册，用作设计参考。这样一来，“鸿翔时装公司”就不断有新式服装面

① 张家花园（即“张氏味莼园的简称”），位于今南京西路以南，是近代上海著名的公共活动及娱乐场所，有晚清第一公共空间之誉。

世，尤其是女装，更是引领着上海女界时装新潮流。“鸿翔”的品牌日益叫响，以至于不少电影明星、社会名流、有钱人的太太，都向“鸿翔”订制时装。①

金鸿翔并不止步于此，他日思夜想如何进一步打响鸿翔的品牌，一天，店门口突然起了一阵骚动，一打听，原来有电影明星光临，而这电影明星不是别人，正是近来人气正旺的大明星胡蝶，她的出行，不仅前呼后拥，镁光灯也闪个不停。这让金鸿翔有了灵感，人们争睹明星的风采，不应该也包括目睹明星的服装吗？于是，这一天，胡蝶一行在“鸿翔”订制时装的过程中，受到了最隆重的礼遇和称心如意的服务。和胡蝶结“缘”后，金鸿翔又为胡蝶策划了一系列“度身定做”的活动，借此宣传鸿翔。其中影响最大的，就数胡蝶被电影界评为“电影皇后”时，金鸿翔代表公司向胡蝶赠送了一套由特级技师精心制作的高级礼服，上面缀满了许多缎制的、翩翩欲飞的彩色蝴蝶，并诚邀她穿上这套礼服，参加公司举办的时装表演会，出席那次表演盛会的，还有不少身穿“鸿翔”时装的社会名媛。据《申报》记载，那次盛况空前的活动轰动了整个上海，静安寺张家花园一带，一时车水马龙、人满为患，以至租界巡捕房不得不出动马队来维持秩序。那隆重的场面，热烈的氛围，今天想来，也由不得要为策划人的那番善于抓住商机的精心构思喝彩。之后，金鸿翔得知英国女王伊丽莎白二世即将举行加冕典礼，于是他为女王精心设计了一套有中国传统特色的礼服，通过英国驻沪总领事转赠，事后，英领事馆送来了由英国女王亲笔签名印有“白金汉宫”字样的谢帖。金鸿翔即将礼服复制品连同谢帖一起

① 葛俊俊、洪颖：《品牌上海：〈品牌大事记〉鸿翔制衣》，载《上海频道》2014年12月3日。

陈列在大橱窗内，以此宣传，招揽顾客。那套赠送给英国女王的礼服复制品陈列在橱窗后，吸引得沪上不少中外人士纷至沓来，一睹为快。

金鸿翔既是上海女性西服业的创始人，又是一位爱国人士。日寇侵犯上海时，上海各行各业、各界爱国人士，纷纷起来抵制日货，宋庆龄和蔡元培在上海共同发起开展爱国民立运动。“鸿翔”公司店主金鸿翔响应妇女爱国会的号召，抵制洋布洋货，所做服装全部改用国产面料，这一举动带动了全行业的效仿，“鸿翔”的爱国行动后来也被“学界泰斗”蔡元培先生所知晓。蔡元培亲笔挥毫书写“国货津梁”四个大字赠之。“鸿翔”公司视为瑰宝，至今还完好地保存在集团公司。宋庆龄也曾经亲笔为鸿翔时装公司写下“推陈出新，妙手天成，国货精华，积极干城”的墨宝加以勉励。上海解放之后，鸿翔时装公司经历了公司合营，最终收归国有，逐渐改变经

营风格，不再一味推崇高级服装，而是转向大众化，为解决普通老百姓的穿衣问题而尽心尽力。20 世纪 60 年代初，鸿翔时装公司（东号）被认定为国家特级服装商店。①

1993 年新“鸿翔”开业，经营面积 8000 多平方米，一楼经营来自国内外的品牌女皮鞋、女皮包；二楼以“异国风情”为主题，经营来自法、日、意等国家的淑女装、饰品、花卉，并设有“星巴克咖啡吧”；三楼至四楼为女装套装；五楼销售新颖居家生活用品；六楼设“上海人家”特色菜肴，商场吃、穿、用一应俱全。鸿翔经过多年的发展形成了其独有的经营特色，新“鸿翔”仍保持几十年来的“量体裁衣、度身定做”的传统特色，将“鸿翔”卓尔不群的裁剪、缝制工艺与现代化的制衣设备相结合，为消费者提供优质的

① 贾彦主编：《上海老品牌》，上海辞书出版社 2016 年版，第 222 页。

定衣服务，除定制现代女装外，还定制具有中国传统样式的经过现代化改制的旗袍。2007 年，“鸿翔女装制作技艺”被上海市人民政府列入第一批“非物质文化遗产”名录。①

如今，鸿翔时装的两家店号都有了新发展，位于南京东路的东号深受赞誉，在业内屡获奖项。目前主要经营服装、皮具、百货的销售，是服装行业内的知名企业。而位于南京西路的西号也曾多次为外国元首提供服务，21 世纪以来，南京西路开始不断地引进国际化品牌，曾经是老上海时尚的发源地，诞生了上海滩第一支时装模特队，作为上海仅存的经营中式服装的“中华老字号”企业鸿翔，在 2008 年时还是悄悄撤离了驻守多年的南京西路，原址由英国玛莎百货取而代之。②

（高　俊）

① 葛俊俊、洪颖：《品牌上海：〈品牌大事记〉鸿翔制衣》，载《上海频道》2014 年 12 月 3 日。

② 张金桥：《“老字号”今不如昔 91 岁“鸿翔”明将撤离南京西路》，载《劳动报》2008 年 4 月 14 日。

亨生公司

亨生公司是上海西服业著名的中华老字号企业，1929年由奉帮裁缝徐继生在当时上海静安寺路（现南京西路）创立，最初起名“恒生西服店”，后改名“亨生西服店”，英译为英俊潇洒，体现了海派西服的俊逸之美。亨生公司经营的男式西服、中山装、大衣、礼服等各类服装，以选料讲究、做工精良、款式新颖、穿着舒适而久负盛名。

鸦片战争之后，列强企图瓜分中国，与清政府签订了一系列不平等条约，于是，诸多大使馆、领事馆、商埠、洋行等机构都纷纷出现，来到上海的外国人越来越多，这样也就牵涉到外国人和中国买办的衣着问题。在这种情况下，一些擅长做长袍、马褂的本帮裁缝就开始做起西服来，而当时那些替外国人做西服的裁缝大多来自浙江奉化，因此这些裁缝也就被称为“奉帮裁缝”。“奉帮裁缝”在上海的都市文化和繁荣经济中，借着清朝末期一股西洋文化初入中华的风潮，唤醒了中华民族追求自由、解脱束缚的执着向往和审美追求。“奉帮裁缝”以上海为舞台，吸收西式裁剪方法，结合中国人的体形特点，以精工细作为特色，创立了中西合璧的海派服饰。西服是海派服饰的重要组成部分，奉帮裁缝始终在该行业占据着统领地位，而“亨生”更是其中的佼佼者。

在当时那么多的裁缝店，“亨生”又是如何发展起来并成为中华老字号的呢？这与“亨生”所坚持的文化理念和经营原则是分不开的。上海奉帮裁缝店中的学徒大多在学手艺的同时也接受着奉帮文化理念的熏陶，而“亨生”创始人徐继生也深受奉帮文化的影响。徐继生凭借着15岁开始学裁缝的高超手艺和深谙奉帮“顾客至上、精益求精、中西结合、不断创新”治店理念，很快在竞争激烈的上海滩站稳脚跟。

“顾客至上”是奉帮裁缝的经营原则，徐继生深谙此道，他提出“宁少勿多，宁精勿滥”、“顾客是我们的衣食父母”的徐氏治店准则，他常常告诫员工：“创牌子不易，毁牌子便当。”所以，徐继生对进料、量体、裁衣、缝制等每道关口都把得非常严。“精益求精”同样也是奉帮裁缝的经营原则，徐继生懂得要精益求精，人才是关键。徐氏尊重贤达又培养人才，且深谙服装经营诀窍，他肯教徒弟，故徒弟们很快学得一手好技艺，为“亨生”增添了实力。“顾客至上、精益求精”落实在服装上就是要使服装得体、顾客满意。徐继生认为量体裁衣准确并弥补人体缺陷，才是一个真正的裁缝，也是招揽顾客的奥秘。在这些原则下，“亨生”发展出了其特有的经营特色：第一，务必量准裁好，度身定制、量体裁衣包括试样修正时，除用数字、文字符号表达清楚外，还要凭借经验和观察力，发现顾客身上的缺陷，在顾客的不知不觉中采用遮盖法在裁剪和“推门”时加以弥补；第二，经受活动舒适度考验。徐继生认为，做“太平裁缝”做不出特色来，一次成衣做不出好服装，为顾客试样时，请顾客“挑刺”，并虚心纳谏，反复修正，直至样衣调整至穿了舒适满意为止；第三，设立顾客服装档案。徐继生发现顾客有一种心理，倘使一次照片拍得成功，便会留下底片，次次照印，做的一套西服穿得合身，受人夸赞，便要求回回照原样新做。因此，他们在为顾客试样后，便将衣样写上名字、编号存档，为顾客提供

方便。当年荣毅仁、郭琳爽等豪户商贾及许多社会名流、名医、名演员等，亨生都有他们的服装档案；第四，熨烫考究挺括。在亨生曾经流传着“木匠靠斧头，裁缝靠熨斗”之说，这也说明亨生对熨烫衣服十分讲究。这样久而久之，“亨生”服装便形成了领头窝服、胸部丰满、袖笼前圆后登、腰围肋势自然、止口顺直而窝、下摆圆顺、穿着挺括舒适的特色。

“亨生”不仅对待顾客用心，还具有非常先进的理念。“中西结合、不断创新”是奉帮裁缝的经营之道，也是“亨生”发展的原动力。“亨生”的服装式样始终紧跟时代潮流，不断进行改变创新，其版型在吸收了绅士派英美款式之潇洒、罗宋派东欧版式之后，而形成“亨生”自己的特色，称之为少壮派。

徐氏善经营，治店有方，使“亨生”名声大振，成为上海滩奉帮裁缝一绝。当年豪户商贾及社会名流都是“亨生”的老主顾。自 20 世纪初，在孙中山先生的倡导下，中国诞生了第一件中山装。

以时尚、少壮派闻名的亨生西服店，在老板徐继生的带领下，超时代潮流，组织多位曾在海参崴、哈尔滨工作过的奉帮老师傅对中山装的造型、工艺进行了改进，如改良了笔架式袋盖造型，将原来的单领改造成双领；去掉大小口袋上的折裥，将原七粒纽改为五粒纽等。同时将制作西装的工艺运用到中山装的制作上，形成亨生青年派中山装的独特造型、工艺（即现代的中山装）。顾客慕名而至，要求量体裁衣，度身定制。同时还批量生产中山装，满足一般顾客的需求，得到了消费者的一致好评。亨生的改良在中山装的发展历程中留下了光辉的一页。

“亨生”的奉帮传统和经营理念及精湛技艺并没有随着创始人徐继生的退出而失传。抗日战争胜利后，徐继生的长子徐馀章继承父业。徐馀章准确预测到西服业之后的良好发展趋势，因此他借来一笔钱，以 8 大根金条的代价租下了位于南京西路口的二间店面，请著名书法家题写“亨生西服店”匾额，于 1947 年春开张营业。果然不出所料，四方顾客慕名而至，声誉陡增。徐馀章后来又将店面以大换小并倒贴二根大金条移址至南京西路 982 号的一间店面，进入黄金市口，加之经营得法，生意更加红火，遂成为上海滩西服业的一家名店。解放初，为使亨生西服店后继有人，第二代传人徐馀章招收了一批徒弟，培养传承亨生，其中较有代表性的是林瑞祥。改革开放后，亨生西服店又培养了一大批新生代传人，如徐俊馥、肖文浩等，为亨生的传承做出自己的贡献。① 亨生的奉帮传统和经营理念及精湛技艺在亨生人的努力下得到了发展。“亨生”在 1992 年被国家国内贸易部评为“中华老字号”企业，并连续十

① 《罗希贤画美好静安——非物质文化遗产篇 · 亨生奉帮裁缝技艺》，载《上海静安文明网》2015 年 12 月 17 日。

年被评为“上海市名牌产品”。

现在的亨生公司不仅在实体店中向消费者提供西装、大衣、礼服和衬衫的高级定制服务，还在网站上建立承接个性服装度身定制和团队服装定制平台。虽然亨生在1993年就被中商部认定为“中华老字号”企业，在2006年又再次被国家商务部第一批重新认定为“中华老字号”企业，连续十年被评为“上海市名牌产品”。①但是在传承和发挥中华老字号的奉帮传统上还有不少路要走。之前“亨生”在南京路最繁华的地方拥有的旗舰店，但是随着南京路的升级换代和店面的梯度转移，以及老字号本身的一些原因，南京路上的旗舰店不复存在，而是搬到了中华老字号一条街的陕西北路201号。

如今，走进“亨生”新的旗舰店里，就仿佛走进了男士衣帽

① 吴霞、狄春：《走近中华老字号——结缘中山装的亨生西服》，载《新华网络电视》2014年8月13日。

间，这里陈列着的除了各式西装、燕尾服，还有配饰。再走近内堂，可以看到师傅在认真而娴熟地裁剪布料。偌大的桌子上，摆放着各种几十年传承下来的老工具。这种“现场操作”是当年上海滩有名的西装店用来招揽生意的“法宝”之一，为的就是让顾客能够直接看到师傅做衣服时候的身影，营造店里生意很好的印象。① 今天，为了保护传统技术，亨生品牌旗舰店以老字号的新形象，以被列入“非物质文化遗产”名录的“亨生奉帮裁缝缝纫技艺”继续服务于每一位钟情定制、享受定制的男士；同时把个性化度身定制的精髓通过每一件产品传递给每一位喜欢精致生活的男士，与之共享定制过程的愉悦感受。道路虽然不易，但是我们相信，作为传承亨生非物质文化遗产的平台和载体，位于中华老字号一条街的新的亨生旗舰店，定会重新焕发出新的生命力。

（高　俊）

---

① 陈君：《亨生西服：续写“西服王子”的倜傥风流》，载《晨报社区报》2014 年 4 月 28 日。

龙凤中式服装有限公司

上海龙凤中式服装有限公司位于上海市静安区南京西路950号。老上海人都知道“龙凤”这个品牌，它的由来要追溯到清末民初，具有一脉相承的“海派”特色。龙凤旗袍是海派旗袍的精华，是沪上海派旗袍手工制作工艺的正宗传承者，至今仍保持20世纪海派旗袍的遗韵，具有深厚的历史文化底蕴。

1840年上海开埠，开放而追求个性的西方文化与江南细致含蓄的本土文化结合，形成兼容并蓄的海派文化。在这样的文化背景熏陶下，20世纪20年代，穿旗袍被看作是开放、革新的一面旗帜，有文章写道：“近日旗袍盛行，摩登女士，争效满装，此犹赵武灵王之服胡服，出于自动，非被强迫而然者。”① 上海民众服饰逐渐体现出独树一帜的风格，特别表现在男装的西服和女装的旗袍上，其中，在上海独领风骚的旗袍以其西式裁剪结构与中式精细零部件装饰相结合，形成了“海派旗袍”的特色。到20世纪30年代时，海派旗袍已经成为一种时尚的潮流，而龙凤旗袍又是海派旗袍的精华，至今保留着海派旗袍的遗韵。

当时上海有很多专门做中式服装的“苏广成衣铺”，以苏州的精湛技艺和广州的新颖衣服而著名。② 而龙凤旗袍手工制作工艺的

① 袁念琪：《上海品牌生活》，上海文化出版社2008年版，第99页。

② 曾圣舒：《制作最纯正的旗袍，解读上海龙凤中式服装有限公司旗袍技艺》，《纺织服装周刊》2014年第41期。

第一代传承人——朱林清最早就是在“苏广成衣铺”里学习。朱林清在学习期间一直十分努力，并且逐渐掌握了各道裁剪的工序，形成了他自己独有的完整的海派旗袍制作工艺和风格，并且他还将西方的一些技术融入海派旗袍中，凭借着他大胆创新的风格和独特的技艺，朱林清制作的旗袍开始成为上流社会女性身份地位的象征。于是，在30年代末，朱林清创办了“朱顺兴”中式服装铺。在刚刚创立的时候，朱林清靠着他“一把剪刀闯天下”的艰苦创业精神，在上海打响了名声。之后到传人诸宏生时期，他坚持和推崇“宁少勿多、宁精勿滥”的治店准则并逐渐形成了“龙凤”朴素的企业文化。“龙凤”中的老前辈对进料，量体裁衣，缝制等每道把关非常严格，用的面料都是当时市面上最好的面料，光选用的里子在颜色上就有四五十种之多，在当时服装行业中独树一帜。

20世纪50年代，随着西式服装的发展和普及，中式服装销售每况愈下。为了发扬祖国的传统特色工艺，通过公私合营，商业部门于1959年集中了“朱顺兴”等几家著名苏、广成衣铺的技术力量，在南京西路849号开设了本市第一家全民所有制的中式服装商店，即“龙凤中式服装商店”。该店继承和发展了镶、嵌、滚，宕、镂、雕、绣等民族工艺，并吸收了西式服装的缝翩优点，自产自销的中式、中西式服装，式样新颖，美观大方，既有备料定制，来料加工，也有现成服装供应。后来，“文化大革命”期间，人们不再穿旗袍，龙凤商店也改名为“红雷服装店”，直到1978年才恢复到原来的店名。

“龙凤”是龙凤中式服装店的商标，它体现的是集体的智慧也是龙凤人的力量和个性，它传统的字体延承的是龙凤公司七十多

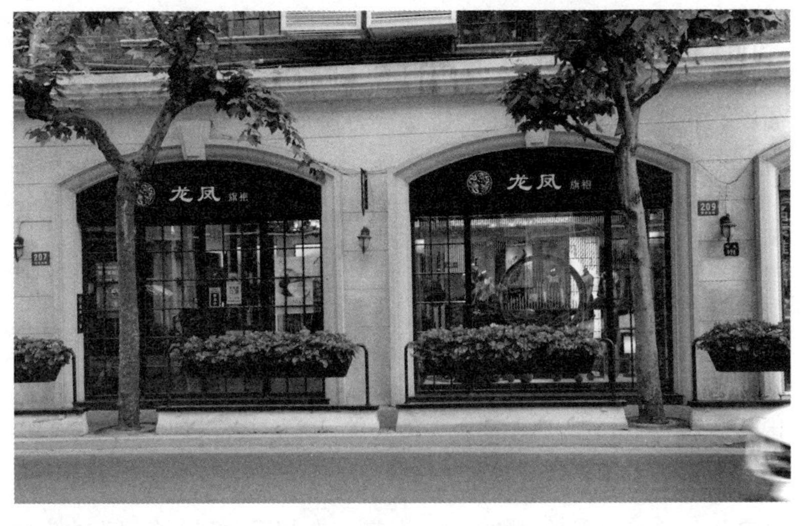

年的精工细作，精益求精不断创新的历史内涵。由于服装的加工精致细腻为中式旗袍增添了亮丽的色彩，尤为独特的是“镶、嵌、滚、宕、盘、绣”加工技术，保持着原汁原味苏广成衣铺的制作加工工艺，制作而成的中式服装和旗袍，其蕴含着历史文化的底蕴，更为独特的是各式各样图案纽扣，形成的“梅、兰、竹、菊”系列，“福、禄、寿、喜”系列，“龙、凤、鸟、卉”系列，称得上是中式服装的一绝。① 龙凤旗袍店是现在上海唯一一家采用纯手工制作的旗袍名店，20 世纪 90 年代就被评为中华老字号，其手工工艺所体现的民族和传统特色，对弘扬中华民族文化起到积极影响。

“龙凤”中式服装的系列产品——旗袍非常受上层女士和戏剧、文艺界知名人士的青睐。孙科夫人曾特地到龙凤中式服装店

---

① 曾圣舒：《制作最纯正的旗袍，解读上海龙凤中式服装有限公司旗袍技艺》，《纺织服装周刊》2014 年第 41 期。

内，定做了两件裘皮里中式短袄。商店迅速安排手艺高超的老技师进行赶制，结果只花了10天时间就制作完工。夫人试穿后对这两件裘皮中式服装感到十分满意，对龙凤技师的工艺技术赞赏不已。许多著名人物都会在这里定做服装，例如文艺界知名人士越剧演员徐玉兰、电影演员向梅。还有国家领导人及夫人出国访问也是经常到“龙凤”制作中式服装，如邓小平夫人、李先念夫人、香港特别行政区首任行政长官董建华夫人等。“龙凤”的名声远扬也吸引国外新闻的关注。1986年日本广播协会在该店拍摄了代表中国传统特色的旗袍工艺的生产录像供日本市民了解欣赏。1990年初，应马来西亚吉隆坡珠江进出口贸易公司邀请，龙凤旗袍在吉隆坡亮相，曾引起轰动。如今许多外国朋友都愿意到“龙凤”去定做一件旗袍带回自己的国家，更有海外华侨将龙凤旗袍作为自己祖国的象征，可以说，龙凤旗袍为沟通海内外的文化起到了桥梁的作用。

在1993年和2011年3月，龙凤旗袍成为第一批以及第二批被国家商贸部任命为“中华老字号”的企业。“龙凤旗袍制作技艺”在2007年则分别入选为第一批静安区非物质文化遗产名录和上海市市级非物质文化遗产名录，在2009年，被入选为国家级非物质文化遗产名录。为了寻觅第四代传人，传承旗袍技艺，2011年，“龙凤旗袍手工制作技艺传习所”挂牌成立，静安区还把龙凤旗袍的历史演变等背景及现状，制作成录像资料，对传承人进行调查、登记、录像、建档等。八十多年下来，龙凤旗袍遵循的一直是“前店后场”的手工制作模式，纯手工制作，为客人量身定做，体现了其个性化的特点。同时蕴涵了中华元素的精华，令国内外客户都十分满意。

2011 年，根据规划，龙凤旗袍等老字号撤出南京路，迁至陕西北路“中华老字号上海第一街”，虽然距离原址仅仅是一个拐角之隔，但是实在无法与南京路相提并论。老字号企业如何实现现代的品牌管理观念，如何取得更上一层楼的魄力，还有很多的问题等待解决。

（高　俊）

蓝棠·博步皮鞋有限公司

上海蓝棠·博步皮鞋有限公司是由历史悠久的蓝棠皮鞋店和博步皮鞋店联合组成的。历经了70年的风雨，“蓝棠”、“博步”是目前上海制鞋业硕果仅存的国有自主品牌，也承载了上海人的“老克勒”情结。

蓝棠的创始人张履安是地道的上海人，他十几岁时就到瑞华皮鞋店学生意。张履安与在华东皮鞋店里当学徒，年龄又相仿的两个同伴，一位叫孙长松，一位叫汪裕祥非常要好，他们三人都听命于当时在“华东皮鞋店”刚出师的沈中铭。这四人在工作中建立了深厚的友谊，于是四人成为结拜兄弟，沈中铭为大哥，张履安年龄最小，是老四。四人得空常常在上海南京路逛街，驻足于各家皮鞋店橱窗前，看看人家陈列出来的各式皮鞋，通过评头品足地欣赏来切磋技艺。① 无意之中，有一天，在一位英国夫人开在江西路口的服装店里，他们发现了几双并不起眼，卖相笨重的英国式手工皮鞋，但是鞋子标出的售价要高出中国皮鞋好几倍。这次的发现让张履安受到了启发，之后他与沈中铭商量，问他是否能出面与英国老板娘商量，在她开的店里借半个橱窗，借洋人的招牌出售中国的皮鞋。之后的事情很顺利，英国女老板欣然答应了他们的请求。几年后，四个人相继出师，而他们通过各种途径偷偷地将自己的皮鞋寄放到

① 胡公展：《“蓝棠”的前世因缘》，《世纪》2014年第2期。

这位英国女老板的店中销售，借助“Landownna”这块英文招牌，皮鞋大都卖得高价，四人赚了不少钱。

不久之后，第二次世界大战结束，国内内战又开始打起来了，在1948年英国女老板决定返回英国。这种情况下，四兄弟趁机将这家店用比较便宜的价格买了下来，为了纪念他们在勒唐纳这家洋行起家的经历，他们决定将其谐音“蓝棠”作为店名，开始在静安寺路（今南京西路）上销售和定制高档皮鞋。蓝棠的商标是一朵“皇冠”的样式，也因此有了蓝棠“女鞋皇冠”的美称。

蓝棠自创建之初就坚持样样领先的原则，凡事都做在别人前面，店铺刚起步时，资金匮乏，竞争压力又大，而时人又多喜爱定制皮鞋。于是，蓝棠适时推出了“个性化定制”的经营方式，从此一炮而红，成为业界的楷模。20世纪50年代初，“蓝棠”率先制作粘胶皮鞋，为了证明粘胶鞋的牢固程度，店铺将一双浸没在水中取出后仍完好如初的皮鞋，陈列在橱窗里展示给人们看，令人折服。

“蓝棠”还首创脚型调查法，在有代表性的纺织厂、医院以及体育学院开展了千人脚型调查。并根据调查所得的不同职业对象的脚型数据，指导生产。修改楦型，增加型号，使顾客更加满意，产品更加畅销。① 蓝棠皮鞋造型纤巧，做工精细，并且注重针对不同的脚型和肥瘦来制作皮鞋，因此受到顾客的青睐。

上海解放前夕，“蓝棠”几经搬迁，先是从原址搬到了南京西路新成游泳池的旁边，之后又迁到了南京西路口上。在解放后，1950年沈中铭离开了上海去到香港，不久，汪裕祥也过去了，在公私合营时，张履安就成了私方代表。1959年，《人民日报》和《解放日报》对蓝棠进行了报道，使其蜚声海外，英、美、苏等十几个国家和地区都可以见到脚穿蓝棠皮鞋的人。1963年，在听取了苏联皮鞋局局长访问蓝棠时的建议之后，蓝棠放弃以女鞋为主、男女鞋兼营的状态，成为一家专营女士皮鞋的商店。在20世纪60年代初三年困难时期至改革开放前的近20年中，蓝棠的皮鞋十分紧俏，要凭“工业券”或者专门的“皮鞋票”才能买到“蓝棠”女式皮鞋，可以说是上海女人心仪的“奢侈品”。很多名人也对蓝棠皮鞋青眼有加，包括国家领导人宋庆龄、邓颖超、邓小平的夫人卓琳等人，以及著名电影演员白杨、王丹凤，京剧演员杜近芳、赵燕侠，越剧演员范瑞娟等人，都曾经穿过蓝棠制作的皮鞋。②

同样在20世纪40年代的时候，在南京路上比蓝棠稍早起步的还有另外一家皮鞋店——“第五街”(“博步”的前身)。“第五街”的老板黄启麟是原中国内衣厂老板黄鸿钧的二公子，他因为看见身边

①② 贾彦主编：《上海老品牌》，辞书出版社2016年版，第237页，第238页。

的朋友多西装革履，以足蹬进口皮鞋为炫耀而感到失望不满，暗下决心，要以优质国货与进口皮鞋相匹敌，遂生出经营鞋业的想法。于是在 1945 年，黄启麟创建了“第五街”皮鞋店，也就是后来的博步皮鞋店，“第五街”以美国纽约闻名的高端鞋业汇集之地为名，可见创始人的雄心壮志。“第五街”皮鞋采用英文“Bobu”为商标，音译为“博步”，以显其质量优良、精益求精。创业初期，博步实行出样订货的经营方式，顾客上门选样，按照所需要的样式、脚型、尺码定做之后，约定时间取货。这种独特的经营方式，加之上乘的质量和专业的服务使博步的皮鞋受到广大顾客的喜爱，其后也得到很好的发展。

1978 年以来，“蓝棠”牌皮鞋和“博步”牌皮鞋分别获得商业部、轻工业部、化工部、国家标准计量总局颁发的“套式女皮鞋优秀设计奖”和“优秀样品设计奖”，并获商业部、上海市优质产品称号。1985 年，“蓝棠”牌牛皮面中跟缝线女皮鞋还获得国家级银质奖。然而，随着改革开放的深入进行，面对着改革开放后国际品

牌的强烈冲击以及民营企业的纷纷涌现，为了寻求更好的发展，增强市场竞争力，1987 年 11 月，蓝棠与博步两店合璧，合并组成上海蓝棠·博步皮鞋有限公司。从继承经典走向民族品牌的凤凰涅槃，1995 年以来“蓝棠·博步”公司连续蝉联“上海市名牌产品”的称号，并荣获 1998—1999 年度“上海市场畅销产品”的称号，2006 年，“蓝棠·博步”公司被中国商务部首批认定为“中华老字号”企业。

现在的“蓝棠·博步”公司位于南京西路 1169 号二楼，为了吸引年轻人，老字号也在发生着悄无声息的变化。在蓝棠·博步南京西路门店的二楼，有一台电脑里面安装了国内首创的 3D 扫描系统，也是国内第一家采用 3D 高科技来定制皮鞋的品牌。公司积极创新采用新科技，通过电脑技术扫描人体脚型获得三维数据，为消费者量身定制专属的鞋型，并且保存采集好的数据，方便以后再次调取制作，很好地维护顾客资源。① 对先进的技术信息的利用，既继承了个性化定制的传统，又符合时代的要求。与此同时为了满足顾客高档消费的需求，公司开辟了一个高档定制区，高科技加上传统的手工艺的高级定制服务，使“蓝棠·博步”这个具有七十多年历史的老品牌重新焕发出新的活力。

（高　俊）

① 贾彦主编：《上海老品牌》，上海辞书出版社 2016 年版，第 238 页。

恒源祥（集团）有限公司

1927 年，恒源祥品牌在上海南京路问世。创始人沈莱舟选定“恒罗百货，源发千祥”这副对联为恒源祥命名，暗含了希望恒源祥的兴旺发达与蒸蒸日上的吉祥之意。1927 年初创之际主要以生产绒线为主，从 1935 年起，恒源祥开始有了自己的毛纺厂，从零售走向生产。① 但与其他老字号一样，恒源祥亦曾陷于举步维艰的境地。②

1956 年，恒源祥人造丝毛商店进行公私合营，新成立的恒源祥绒线店成为了国有企业。进入 20 世纪 70 年代，恒源祥绒线店因经营不善业绩惨淡。然而，历史在这个时候已经悄悄地发生了转机。在 1976 年至 1985 年间，一名叫刘瑞旗的 20 多岁青年从一个小小的营业员成长为恒源祥上海黄浦区百货公司批发部经理。所以，1987 年恒源祥绒线店从金陵路搬至南京路时，刘瑞旗同年进入店铺担任总经理。从此，在刘瑞旗的经营和管理下，恒源祥逐渐由一间占地仅 100 多平方米的小毛线商店，发展成为如今一个销售额超过 50 亿元、年销售商品 3600 万件的企业集群。

不得不说，刘瑞旗具有远超他人的经商天赋和观察能力。当时的恒源祥面临着品牌老化、体制掣肘、处境艰难的种种难题。如何

① 陈忠伟、南平：《恒源祥：全球造、全球卖的中华老字号》，载《中华商标》2018 年第 9 期。

② 《恒源祥——老字号这样振兴》，《人民政协报》2006 年 12 月 1 日。

让企业能够重新焕发活力让刘瑞旗十分苦恼。功夫不负有心人，经过对店史的潜心研究，刘瑞旗终于找到了突破口，那就是在当时企业资金困难、基础不足等条件下，留给他的最有价值的资产就是这个有着 60 年历史的“恒源祥”字号。“当时的人们基本上没有商标意识，包括我们店里销售的也都是其他商标的绒线。我就意识到，咱们可不能捧着金饭碗讨饭啊！”刘瑞旗毅然决定重新擦亮企业的金字招牌，自己生产“恒源祥”牌绒线。1988 年，刘瑞旗向上海工商行政管理部门提交了“恒源祥”的商标注册申请。恒源祥利用其商标走品牌经营之路，用品牌激活有形资产，建立了品牌价值链，完成了从濒危到起死回生的历程。① 值得注意的是，在恒源祥商标注册一年后，《中华人民共和国商标法》才问世，不得不让人佩服刘瑞旗的高瞻远瞩、目光独到。

从 1991 年起，刘瑞旗代表恒源祥开始了他“玩转”商标权的

---

① 崔静思、刘瑞旗：《书写精彩的品牌人生》，《中国知识产权报》2012 年 5 月 23 日。

历程。首先，恒源祥通过实施品牌经营战略、充分利用恒源祥商标的无形资产，调动和组合社会有形资产，实现规模经营和快速扩张，使恒源祥迅速成长为家喻户晓的中国著名品牌。在这一段时间，刘瑞旗通过许可使用“恒源祥”商标来吸引厂商投资，先后寻觅到了5家厂商进行合作，为资金匮乏的恒源祥提供了强大品牌塑造和推广资金，帮助恒源祥创建了品牌。1991年，恒源祥牌绒线诞生，恒源祥品牌的手编毛线开始进入市场，恒源祥成为中国进入市场经济后最早实施品牌运营的企业之一。到1996年，恒源祥已经成为中国也是世界上最大的手编毛线的产销企业。

有了品牌产品后，刘瑞旗开始思考通过广告宣传推广恒源祥的产品。然而，此时恒源祥自身的家底还十分薄弱，并不能拿出足够的资金进行宣传。因此，刘瑞旗再次利用恒源祥自身的优势，说服5家生产企业共同出资进行品牌推广和宣传。由此诞生了之后广为人知的恒源祥的品牌故事：在刘瑞旗的策划下，“恒源祥——羊羊羊”这个简单的广告，以“5秒广告”连播3遍的营销方式，在广告界成功制造了“恒源祥现象”。因为这则广告虽简单朴素，却充满亲和力，形似单调的5秒钟联播3遍，对消费者的品牌记忆形成了独特的冲击，也让恒源祥顺利地完成了品牌导入，从此走上了高速发展之路。以至于至今在中国提起恒源祥，很多人的第一反应就是——羊羊羊，成为中国一代人的记忆。到1997年，带有“恒源祥”商标的绒线产销量突破1万吨，较6年前增长130多倍，一举成为全国乃至世界最大的绒线产销联合体。①

① 黄永春、李光明、张钰：《资源与环境双约束下中小企业品牌成长策略的动态演化——对蒙牛、恒源祥、格兰仕成长历程的跨案例分析》，《企业经济》2017年第36期。

在实施品牌进一步的拓展中，恒源祥发现，手编毛线所产生的利润已经无法支撑一个品牌的发展，1998年，恒源祥再次作出重大的战略调整，恒源祥开始向家纺、服饰、针织、日化等领域拓展，并同时实施具有恒源祥特色的特许经营，恒源祥成为中国特许经营的弄潮儿。从此，恒源祥开始缔造了一个跨地区的企业集群，培育出长三角地区70多家资产上千万的民营企业，在全国扶植起2000多个百万富翁，使长三角地区6万人有了工作岗位，羊毛衫市场占有率全国第一，手工毛线市场占有率世界第一。

刘瑞旗还十分重视品牌文化的作用。中国人无论做什么事情都喜欢讨个吉祥如意的彩头，恒源祥的名字就注定了它与中国文化不可分割、与生俱来的紧密关系。从1927年创立至今，恒源祥作为深具中国传统文化中“吉祥喜庆”内涵的品牌，一直在探求把中国传统文化中的“吉祥喜庆”的纹案应用于产品的开发。2008年，恒源祥成为北京奥运会赞助商，恒源祥和奥运的结合使品牌站在了世界舞台上，对恒源祥品牌的文化内涵、个性和美誉度是个极大的提升。恒源祥成为历史上中国纺织业中第一家奥运赞助商，无疑是对品牌文化的极大创新。从开幕式的祥云火炬，到闭幕式上的祥云舞台，可以说祥云无处不在，中国的“祥”文化无处不在。恒源祥品牌产品具有独特的吉祥喜庆元素，使人们即使在没有商标的情况下也能感觉到恒源祥的吉祥喜庆所带来的快乐。以至于北京奥运会结束后，恒源祥成为与中国奥委会继续保持合作的第一家企业。①

当然，恒源祥的发展过程远远比我们所说的要复杂。在这一过程中，在领导人刘瑞旗带领下，恒源祥不断发展壮大，取得了一个

① 杨桂菊：《战略创业视角的老字号企业持续成长路径——基于恒源祥的探索性案例分析》，《经济管理》2013年第35期。

又一个突破。但是，1996 年 3 月，像许多其他的老字号一样，恒源祥也黯然神伤地离开南京东路。根据南京路的总体改造计划，恒源祥绒线公司南京东路商场拆除，恒源祥由南京路搬回到金陵东路所建成的恒源祥商厦的底层。对于所有的上海老字号来说，南京东路是一个重要地标，占领或者撤退，其意义远不止是否拥有其中一个或者几个店面。对这些占据黄金位置的老字号来说，这样的打击是毁灭性的，许多老字号离开南京路后从此一蹶不振，渐渐消失在人们的视线以致记忆当中。所以我们应该能够理解为何刘瑞旗在恒源祥搬离南京路时曾经留下伤心的眼泪："我当时很难受，感觉被边缘化了，在后来的职工大会上，告诉他们，我们的目标就是重回南京路。"① 终于，通过不断的努力和发展，作为"绒线大王"的恒源祥完成了自己的光荣和复兴，1998 年 9 月 18 日"恒源祥"再振

① 李娟：《卸掉包袱和荣誉，上海老品牌再出发》，《中国品牌》2009 年第 6 期。

雄风，重返故地——南京路。

今天，老字号“恒源祥”成为全球最大的绒线制造商，有100多家加盟厂、8000多个经销商的恒源祥联合体。百尺竿头，更进一步，恒源祥依然坚持产品创新，2011年恒源祥投资787万元，研发具有纳米功能的羊毛制品，将纳米技术引入纺织领域，填补了国内空白，提高了纺织工业科技含量。①恒源祥实现了与时俱进的发展，连续数次入选“亚洲品牌500强”，到2014年已经上升到第127位。世界营销大师弥尔顿·科特勒和国际品牌联盟副主席、可口可乐首席顾问弗朗西斯·麦奎尔均给予高度评价，称赞恒源祥是中国的“可口可乐”。

（高　俊）

① 沈则瑾：《上海："老字号"闯新路续新篇》，《经济日报》2011年4月6日。

老介福呢绒绸缎商店

百年老店“老介福”，全称老介福呢绒绸缎商店，位于南京东路河南路口，开设于1860年，是一家具有百年历史的老字号企业。“老介福”作为中国呢绒绸缎专营店，主要经营的有中国古老特色的丝绸织物；中、高档呢绒面料及棉布织物；“福”牌寿衣等。

关于“老介福”品牌的发展史还得从清朝咸丰十年（1860年）说起，最初是由福建人祝氏两兄弟合资开设于今天的九江路河南路口，取名为介福绸缎局。当年，祝氏兄弟从福建老家北上赶考，因名落孙山而滞留在上海，为了继续备考不缺经济来源，二人于是在棋盘街开了一家布店以站稳脚跟。文人经商，格外看重名声，从他们给店铺充满新意的取名中就可以看出来。首先，“介”字从字形上来看拆开即为“二人”，以谓此店为兄弟二人共同经营；其次，“福”字则表明了两人乃福建人氏，以示不忘家乡之意，于外人看来这个字又为中国人所喜爱，充满如意吉祥之意，实在是妙不可言。就这样，祝氏兄弟遂命名他们在上海开设经营的高档绸缎的店为“介福绸缎局”。二人的店铺开设于上海的棋盘街，是上海洋布店的发祥地，而当时兄弟二人称自己的店为“绸缎局”而不叫布店，实在是显示了文人的附庸风雅。更有意思的是，因为当时上海尚无专门卖丝绸料子的商店，“介福绸缎局”在洋布店林立的棋盘街独树一帜，较之于其他店铺显得高档许多，生意自然格外兴隆。店铺开张后正应了二人的风雅之意，不少顾客都是为了购买绸缎而来，并无经商经验的兄弟二人歪打正着，于是欣然决定店铺以买卖丝绸面料为主。

文人经商总难成，缺少生意场上谋略的祝氏兄弟也概莫能外，更何况二人即使人在生意场上，却依然志在诗书，这就注定了“介福”好景不长。兄弟二人在屡次参加考试仍然未能博取功名后，心灰意冷，决定将“介福”以六千两银子盘给一个叫程芦舟的苏州人，回家乡调整一番再作理会。清朝末年，程芦舟的儿子程用六接班。时值上海开埠已逾半个世纪，街头已出现穿呢制西装和裙子套装的俊男舰女。程用六敏锐地意识到，呢绒零剪生意将前途无量。于是吸收徽商姚荫荪和苏州福禄寿绸厂老板李灿石入股，以扩大经营范围，并且把商店从九江路 89 号搬到 23 号营业。老店新开，自然想换个好听的店名。三个老板商定，新店名一要有趣味性，二要迎合顾客讨口彩的心理，三要通俗易懂，叫起来朗朗上口。三人约定，由每人说出一个字拼起来作店名。李灿石捋捋长鬓先说：“人家叫我‘老寿星’，我的年纪又比你俩大，我看中一个‘老’字。”姚荫蒜接着说：“我身高一米八，脚特别长，绰号叫‘长脚’，‘脚’与‘介’谐音，就用‘介’字。”最后轮到程用六，他笑嘻嘻地说：“我矮矮胖胖，

活像无锡大阿福，选用‘福’字吧！”说罢，三人不禁拊掌大笑：“老——介——福，妙！妙！妙！”清末状元唐陀，当时寓居上海，被誉为写招牌字的“圣手”，他在书写“老介福”招牌时也啧啧称赞：“妙哉，老介福！”

20世纪30年代，“老介福”生意越来越大，开间门面已不敷使用。当时正好南京东路河南路口的哈同大楼落成，“老介福”于1936年花巨资买下哈同大楼（今南京大楼）底层营业，扩资为股份有限公司，取名“老介福绸缎局”。说到资本，还有一桩轶事。1936年，“老介福”为购买哈同大楼新店址筹措资金，决定招股增资。钱庄老板汪柳门闻讯后，卖掉钱庄，把巨资投入“老介福”。当时有人为他的冒险举动担心，汪却充满信心地说：“老介福在南京东路老店新开，将来必获巨利！”果然，占据优势地理位置，信誉卓著的“老介福”，遂成为上海规模最大、资本最雄厚的布店。

适逢其时的“老介福”从此名声大振，财源攘滚而来，就连外国大亨沙逊家的老板娘也主动上门请“老介福”包下沙逊大楼和锦江饭店的装饰用料。还有一个不得不说的故事，当年下榻在锦江饭店的世界著名电影艺术大师卓别林，也特地到“老介福”定做60打方格子丝绸衬衫，其时卓别林尚未穿过中国的真丝衬衫，手摸衣服，满脸露着惊奇，为了让卓别林认识真丝，店铺人员还当场用火点燃一小块真丝，向这位电影大师作现场讲解。电影大师听罢，即跷起拇指道，Very Good，说罢，转身给来人倒两杯酒，以表达他的感谢和对“老介福”的真诚祝愿。①

位于南京路的“老介福”可以说是看尽了历史的变迁，并随着

① 阮竟成：《弄假成真“老介福”》，《国际场》2010年第2期。

时代的发展不断地自我调整。上海解放后，“老介福”扩大了棉布呢绒的经营，改名为“老介福绸布呢绒商店”，“老介福”的经营特色得到进一步发扬，国内外慕名到“老介福”购买高档绸缎呢绒的顾客纷至沓来。1956 年，商厦更名为南京大楼，但仍因其是老介福所在地被习惯性地称为“老介福商厦”；“文化大革命”期间，“老介福”一度改名。据说，有一天，有位旅居加拿大的老华侨在南京东路“老介福”门口徘徊，疑惑地问路人：“我记得这里是‘老介福’，怎么变成了‘东方红布店？’”当他得知这“东方红布店”确是“老介福”后，才放心地进去购物，可见“老介福”在海外华人中的深远影响。改革开放以后，市政府把老介福列为上海市的商业窗口。“推陈出新，以快取胜；掌握需求，以新取胜；配套备货，以全取胜；买料成衣，以便取胜”，这四句话是老介福经营特色的精髓。“老介福”又退出棉布经营，专营绸缎呢绒，与工厂挂钩直接进货，还组织进口面料，保持品种多、花色新、质量优的特色，所经营的呢绒、丝绸花色品种最多时达 1500 余种；恢复了成衣部和接料加工，形成买料、加工、成衣“一条龙”，大大方便了顾客。

1993 年，商店翻修改建为“老介福商厦”，底层继续保持绸缎、呢绒的专业经营，二、三楼经营综合百货，跻身于南京路上大型商厦的行列。进入新世纪前夕，老介福商厦根据黄浦区政府对黄浦区商业企业的重组整合，老介福商厦和培罗蒙西服公司强强联手成立了培罗蒙总公司。①2009 年，商厦又更名为“外滩名店”，老介福营业面积减少，但依旧在这里占据一席之地。2011 年，依据《上海市商业十二五规划》，南京路作为“十二五”期间上海市

① 《老介福：纺织品行业中的佼佼者》，《上海商业》2008 年第 1 期。

重点培育的三大市级商业中心街区的重要组成部分，在南京东路外滩段加快推进历史建筑保护修缮过程中，南京大楼老介福商厦按时尚化、国际化的定位推进结构调整。2011年上半年，人们欣喜地听到，老介福荣获了国家商务部颁发的第二批“中华老字号”企业称号。

展现在世人面前的是一条逆境中成长起来的民族企业发展之路，有汗水，有困顿，更有激情。以“国际化、现代化”为目标，2012年5月“老店新开”，随着“外滩名店”的关闭和海外品牌旗舰店的进驻，见证了百余年来上海商业历史发展的“老介福”，从此告别了南京路。①

（高　俊）

① 陶健：《南京路打“环球”牌，淮海路走“经典”路》，《解放日报》2012年1月21日。

培罗蒙西服公司

坐落在中华第一街——上海南京东路750号上的“培罗蒙”是上海滩赫赫有名的民族西服品牌，也是历经近百年的中华老字号企业。“培罗蒙，半个多世纪的骄傲！”这句充满着自信与光荣的广告语，展示出了一个中国民族服装品牌的辉煌，也是几代培罗蒙人艰苦创业，开拓进取的成果。纵观培罗蒙的成长史，蕴涵着丰富的创业精神和经营之道，谱写了中国民族企业不断突破自己、自信自立的光辉篇章。

红帮裁缝许达昌是培罗蒙的创始人，民国十七年（1928年），许达昌在虹口区四川中路香港路口上开设了许达昌西服店，1932年西服店搬迁至南京路新世界楼上，1935年培罗蒙又搬迁至当时最繁华的南京西路284—286号的三层楼双开间落脚，改店名为“培罗蒙”。上海南京路是上海商业中心区域，全市最繁华的地方，自然是各种服装商店密集。在这样一种高档西服店聚集的商业环境中，要做到出类拔萃，并非一件易事。但是，许达昌凭着其先进的经营理念、独特的经营风格和成熟精明的经营方略，使“培罗蒙”在竞争中脱颖而出独占鳌头。在地理位置的选择上，南京西路284—286号靠近大光明电影院，在当时，进大光明电影院看电影的多数是有身份地位的人，所以许达昌不惜血本租下这里，将培罗蒙的消费群体锁定在上流社会，借这些有钱有地位有影响的服务对象来提高商号的知名度。与之相匹配，许达昌还不惜花重金聘请当时有名的奉帮裁缝在店里工作，使培罗蒙人才济济。除此之外，培罗蒙这个名字也反映了许达昌的巧妙心思，“培”是指培育高超的服装缝制的技艺，“罗”是指服装，“蒙”是指为顾客服务，三个字表达了他“用高超的服装技艺为顾客提供最好的服务”的经营理念。巧合的是，在当时欧风弥漫的上海，“培罗蒙”这个名字乍看之下竟充满了欧美之风气，洋化的名字使店铺一下子从众多品牌中脱颖而出，受到推崇。许达昌深谙经营包装店铺之道，在繁华的南京路上将店铺装饰得富丽堂皇，店铺的招牌中英文相结合，在华灯初上之时，霓虹闪烁的招牌格外引人注目。因此，改名以后的培罗蒙顾客陡然增加，生意兴隆。

“培罗蒙”以独到的眼光确定自己的消费群体，当时何应钦、宋子文、阎锡山、桂永清、张治中、蒋廷黻、张群等国民党的要人都曾经到“培罗蒙”制作西服。后来因为时任外交部长张群的关系，“培罗蒙”承包了外交部大使、公使和出国人员的一切行装；京剧表演艺术家程砚秋、李少春、“电影皇后”胡蝶的丈夫潘有声、《中华日报》经理林柏生等也都经常到“培罗蒙”制作服装。培罗蒙以制作英式绅

士西服、摩根礼服、燕尾服、晚礼服、骑士猎装、马裤等西式男装为特色，在众多中外同行中脱颖而出，成为西服定制的“头牌名旦”，被人们称为沪上“西服王子”。这一切都离不开许达昌的精明经营，“培罗蒙”以客户满意为绝对的最高标准，通过客户的口耳相传，最终在老上海心目中树立了“培罗蒙”的摩登形象，创出了“培罗蒙”的牌子。①

1948 年，许达昌审时度势，带着几位红帮师傅远赴香港，开设了香港“培罗蒙”，凭着其一贯拥有的高超的技艺、上乘的质量、精明的经营和优质的服务，“培罗蒙”又创下了辉煌的业绩。不久，香港“培罗蒙”便成为世界五大西服店之一。1950 年，许达昌将西服业拓展到日本，先是在日本东京千代田区富国大楼创立分店，后迁入帝国饭店，由于身体原因许达昌将日本的“培罗蒙”交给他信赖的大徒弟戴祖贻主持经营。1969 年，许达昌又将日本的“培罗蒙”资产全部转让给戴祖贻。在戴祖贻主持下，日本的“培罗蒙”不但生意隆盛，而且享誉东西。经过几年的打拼，“培罗蒙”在东京的影响力与日俱增。1990 年甚至将培罗蒙开到了东京帝国大厦，也进一步提升了培罗蒙的品牌价值。日本“培罗蒙”曾为世界许多国家的商界、政界名流量身定做服装，并且深受好评。美国福特总统也曾特意亲临“培罗蒙”定做西服，并与戴祖贻合影留念。可以说，在香港，许达昌将“培罗蒙”推向了世界服装舞台，为人们所知晓；在日本，戴祖贻则带领着“培罗蒙”站在世界服装舞台上完成了令人惊艳的表演。也正因为这样，戴祖贻被人们称为“培罗蒙先生”。

---

① 茵芯：《西服王子许达昌及其培罗蒙西服号》，《浙江纺织服装职业技术学院学报》2011 年第 10 期。

1949 年上海解放后，全国实行公私合营，上海的“培罗蒙”的服务对象发生了很大的变化，从为社会名流定制西服改为开始以经营大众化服装为主。“文化大革命”期间，“培罗蒙”更是因为其招牌带有“洋气”被打上资产阶级的标签而遭受不幸，时人甚至不敢穿西服出门，店铺改名为中国服装店，后又改为培艺服装店。直到改革开放以后，“培罗蒙”才结束曲折的命运，重获生机，成为在 20 世纪三四十年代上海滩西服界“四大名旦”中仅存的硕果，焕发青春，获得了进一步发展。1980 年，“培罗蒙”的品牌得到重新启用，再次华丽亮相上海滩。重获新机的“培罗蒙”，在注重质量和款式设计的优良传统上，进一步借鉴国外的流行款式，根据国人的穿着习惯和民族风格，设计制作了精美绝伦的海派西服。① 因为工艺精湛，制作精美，当时店里每天只能制作十多套西服，远远不能满足人们的需求，常常供不应求。“半个多世纪的骄傲”，“培罗蒙”继续创造着新的辉煌。1985 年，“培罗蒙西服店”改称“培罗蒙西服公司”。1992 年，该公司与兰苓服装公司合并，由金建华担任总经理。1995 年，公司开设“上海培罗蒙西服连锁经营有限公司”、“上海培罗蒙西服批发有限公司”。2002 年，公司上海零售中心总部迁至上海市南京东路 257 号。2005 年，公司又在天津路 307 号成立了“培罗蒙技术中心”。2008 年，培罗蒙形象店在南京东路步行街亮相，精致的陈设，大气而古典的装演风格，还原了老上海西装四大名旦 ② 之首的头牌架势。

作为传统的延续，定制西服占到了培罗蒙西服销售的 5%—

① 阮清华：《“中华西服”培罗蒙》，《国际市场》2010 年第 6 期。

② 培罗蒙、亨生、启发、德昌是 20 世纪三四十年代上海最受欢迎的四家西装公司，上海人称之为“四大名旦”。

10%。不仅尼泊尔前国王、埃塞俄比亚前皇帝、法国总统特使、韩国国会议长等均为“培罗蒙”的客户，“培罗蒙”还为上海峰会和上海合作组织定制官员服，并成为上海大剧院艺术中心指定服装商。除此之外，现在“培罗蒙”专门建立了国宾制作小组，专为国家领导和外国国宾制作服装。① 守住绝活，打造精品，“培罗蒙”服装承载着中华民族的精神和友谊驶向世界各地，让世界领略到古老东方文明在新时代发出的璀璨光亮。

“培罗蒙”从创立之初发展成为国内服装品牌中第一个全国驰名商标；连续十六年荣获了上海市名牌产品，上海市第一批著名商标企业，至今已有 89 年历史。2011 年，“培罗蒙”西服制作技艺还被认定为国家级非物质文化遗产进行保护。这几年，培罗蒙品牌一步一个脚印地走向国际，2014 年 9 月设立培罗蒙香港分公司，

① 韩晶：《培罗蒙：续写东方夜巴黎的西装传奇》，《中国服饰》2009 年第 1 期。

2015 年 9 月在上海自贸区设立培罗蒙国际有限公司，2016 年 9 月，在上海市委、市政府主要领导的关心下，“培罗蒙全球研发中心上海总部”在南京东路老介福大楼 7 楼正式挂牌。

曾经的南京路，老企业、老牌子林立，光是做服装的就有几十个品牌，为何现在留下的却只有“培罗蒙”。探其原因，这是因为“培罗蒙”始终注重创新的精神，现任培罗蒙服装投资发展有限公司董事长金建华说：“老字号意味着老品牌、老机制和老员工，三个‘老’虽然成就了我们，但如果不创新，不主动寻出路，这三个‘老’也会把我们自己框死。”① 坚持对品质精益求精的要求，依靠科技进步、管理创新、品牌经营、连锁发展，“培罗蒙”走上了一条品牌发展之路。如今的“培罗蒙”在继承传统中不断发展，结合时代要求，推出企业网站，提供网上定制西服的服务，使这块中华老字号品牌，在搏击品牌竞争的时代浪潮中，更上一层。

（高　俊）

① 顾学文、金建华：《老字号里那些感性而有温度的细节》，《决策探索（上半月）》2017 年第 5 期。

宝大祥青少年儿童购物（集团）股份有限公司

在旧中国，人们穿衣很少直接购买成品，经常是购买衣料缝制服装。而老上海人都知道，要买呢绒绸缎布匹，必定要到大名鼎鼎“三大祥”那里去。创立于1924年的“宝大祥”商号，与协大祥、信大祥一起同称“三大祥”，是国家商务部确认专营绸布的老字号企业。

“宝大祥”的创立者是丁巫山和柴宝怀，这其中还有一段不得不说的故事。其实早在1921年8月，二人首先创立的是“协大祥”，任命孙琢璋为经理。孙琢璋十分善于经营，短短几年内协大祥的盈余已经增长到原始资本的二十多倍，但财富的增长引发了股东之间的矛盾。1923年，已不满足做小股东的孙琢璋利用股东间的矛盾将丁巫山、柴宝怀两位创始人挤出协大祥，获得所有股权，独揽大权。对此，丁、柴两人自然不甘心就此罢休，企图夺回上海绸布行业的龙头地位，于是就在协大祥周围连开了四家宝大祥。有意思的是，为拖垮宝大祥，孙琢璋让徒弟丁大富在小东门大街的宝大祥对面新开了一家“信大祥”布店。历史总是惊人的相似，后来丁大富摆脱孙琢璋自立门户，开始了“三大祥”三足鼎立的局面。①

1924年农历七月廿五，宝大祥在小东门大街开业。在创办宝大祥时，丁、柴二人对店名和经理人选二人煞费苦心。先说店名。

① 金满楼：《孙琢璋与“三大祥”的龙虎斗》，《新金融观察》2012年6月11日。

当初他俩取“协大祥”的意思是“同心协力，大吉大利”；现在给新店取名，“大祥”两字不能少，但前头加个什么字呢？想来想去，还是丁巫山脑子灵，他一拍脑门说：“有了！你老兄的名字‘宝怀’的‘宝’字不是蛮好吗？”他还咬文嚼字说：“宝者，宝贝也，珍贵也！”柴宝怀一听，也觉得“宝大祥”这个店名叫起来响亮，听起来悦耳，寓意又深刻。再说经理人选。丁、柴在创办宝大祥时，都已年届五十，又有之前“用人不当”的教训，所以在选择宝大祥总经理时自然十分谨慎，两人最后一致选择了他们的同乡徒弟——丁方镇。丁方镇果然不负两位前辈的期望。他把原来单纯经营布匹的棉布店，逐步发展为经销各种绫罗绸缎、呢绒、土布、夏布、丝绵、驼毛、绣品、花边、床上用品、纽扣等的综合性商店，其经营范围远远超过同行而名列全市第一。①

后来，宝大祥在丁方镇的经营之下，以“宝”广招财源，在这个“宝”字上大做文章。在商标上、悬匾上分别印上“斯宝大祥”、“宝藏兴焉”、“招财进宝”如等字句，充分发挥名字的吉祥之意。并且在八仙桥新号天棚下，悬挂了一个镜面大悬匾，上面刻有“招财进宝”图案，还有五个从小到大的元宝连成宝塔状，两个小孩子在元宝顶端手执彩旗跳跃舞蹈，绣旗上也刺有“招财进宝”的吉利话。而在发票上印“斯宝大祥”图案，象征来宝大祥购买衣料有吉祥之兆。所以，家有喜事的消费者大多乐意光顾宝大祥，以至民谚中都说：“嫁囡（女儿出嫁）要到宝大祥，备嫁妆，送新娘，床上身上都像样！”甚至还有用作歇后语的，如“旱涝保收——宝大祥”、“笃定泰山——宝大祥”。②

①② 裘争平：《上海滩“三大祥”》，《上海文博论丛》2007 年第 2 期。

1950年4月5日，在南京东路北庆云银楼旧址，南京路宝大祥开业，在南京路形成了“三大祥”鼎足而立的格局。1955年12月，宝大祥实行公私合营，丁方镇为了响应公私合营，毅然决定把个人的38000元拿出来，以充实宝大祥的资金。陈毅市长闻讯后，亲临宝大祥视察，对丁方镇的爱国举动大加赞赏。在市长的倡导下宝大祥的牌子继续使用。宝大祥作为上海的老牌子，在南京路乃至上海商界备受关注。1993年，宝大祥重建，将贴邻的亨得利公司、闽江大酒店、金桥百货商店合建为整幢大楼，成立了“宝大祥百货公司”。但是，当时公司成立之际正是国内百货业衰退之时，同类型商店过剩以及经营方式雷同，使得此后数年间宝大祥难以再现往日风光。1999年春天，南京路宝大祥终于迎来了重振雄风的机遇，迎来了它的春天。为配合南京路步行街商业结构的全面调整，宝大祥涅槃重生，以“宝大祥青少年儿童购物中心”这一前所未有的充满活力的新形象、新经营模式展现在人们的面前。① 徘徊于传统百货业和批发市场之间，经历了一次次经营调整和业态改变的宝大祥，终于走上了青少年儿童专营店之路。由于商场的专业特色趋向明显、消费对象明确、品牌集中、服务贴心周到，在众多百货同行中脱颖而出，现已是沪上儿童百货行业最成功的领头军。

位于南京东路685号的宝大祥青少年儿童购物中心是南京路商贸人气最鼎盛的黄金宝地。在市场竞争异常激烈的今天，宝大祥这一老字号被注入了新的活力，又焕发出了勃勃的生机，确立了自身在南京路以至沪上商圈的重要地位，一个全新的成功的宝大祥得到了市场和消费者的认可和肯定。企业的成功与企业品牌的确立息息

① 江育明：《老字号的凤凰涅槃——宝大祥在专业经营中创造商机》，《上海商业》2000年第5期。

相关。宝大祥秉承了中华老字号“诚信为本”的优良经营传统，努力打造自己的诚信服务品牌，在众多商家中脱颖而出。面对企业天真无邪的服务对象，“为了明天的希望，做好今天的事业！”的宝大祥，把企业的社会责任肩负起来，郑重地对社会承诺，颇受市民们的喜爱。宝大祥“宝宝、长大、吉祥”这一全新诠释、定位的经营口号，也日益被广大消费者所熟悉。①

宝大祥青少年儿童购物（集团）股份有限公司旗下经营的品牌有300多个，涵盖了童装、婴童服饰及用品、童鞋、玩具、青春装、文具等商品大类，吸引了大批国际及国内一线的青少年儿童品牌入驻。在经营策略上注重商品及品牌的更新率，宝大祥正逐渐被特定的消费群体所推崇，销售额实现了快速增长，企业业绩位居同

① 江育明：《“宝宝·长大·吉祥”——“宝大祥”在儿童主题百货连锁中迅速崛起》，《上海商业》2009年第11期。

行业之首。宝大祥通过一系列极富创意的形象推广活动和强有力的营销手段，使青少年的宝大祥日趋成为上海及周边地区最具人气和动感的购物中心。发展至今，宝大祥的连锁门店已经遍布上海黄浦、杨浦、青浦、虹口、普陀、浦东、金山、闵行、宝山、嘉定、奉贤十一个区，并走向全国，在江苏、浙江、湖北武汉成功开设了六家门店，以及拥有了一家自己的网上商城。

作为一家专业经营儿童百货的公司，“宝大祥”不仅在国内，甚至在东南亚地区亦享有较高的声誉和知名度。经过几年来的不懈努力，宝大祥青少年儿童购物中心获得了多个奖项。企业先后获得中国十大优秀玩具零售商、国家商务部第一批“达标百货店”、上海市服务诚信先进单位、上海市商业零售业规范服务示范单位、上海市价格诚信自律先进单位、上海市名牌服务、上海市著名商标等多项荣誉。优越的营商条件、成熟的管理和服务，使宝大祥越来越被消费群体和国内外品牌厂商所推崇，销售额实现了快速增长，实现宝大祥品牌的飞越式发展。相信随着宝大祥“内修精兵、外拓疆土”的企业发展战略的不断落实，其辐射面还将不断扩大。

（高　俊）

海螺服饰有限公司

海螺服饰创建于1950年9月，是上海海螺服饰有限公司的品牌，专业生产经营各类中高档衬衫、西服、夹克、休闲服、时装等系列产品的著名服装品牌企业。

海螺的前身最初是由林成梁等七人创办的荣新内衣厂，创办初期内衣厂还属于无资金、无设备、无厂房的“三无”工厂。当时上海刚刚解放，人们的衣着以解放装、人民装、列宁装为主，时装生意冷淡。然而林成梁等人坚信国人在正式场合一定会需要穿衬衫，于是，1950年他们合伙出资购买了5台缝纫机，在延安中路604号开设荣新内衣厂，在不足30平方米的小楼里开始生产男士衬衫。1951年劳动节那天，内衣厂正式注册并启用了“绿叶”牌商标。与此同时，荣新厂试制成功化学领专用药水，生产出可以与国际名牌相媲的化学领衬衫，从而在国内声名鹊起，产品供不应求。[①]1954年，“绿叶”牌衬衫作为中国衬衫的唯一代表，参加了在苏联举办的博览会和在民主德国举办的莱比锡服装展览会，由此名声大噪。1966年，荣新内衣厂更名为上海第二衬衫厂，1973年衬衫厂提出口号要“打造中国自己的民族品牌，让国人也能穿上一流的衬衫”。为此，他们从“海螺姑娘”的美丽传说中获取灵感，以赶超美国名牌“阿罗”（ARROW）为目标，在“绿叶”的基础

① 贾彦主编：《上海老品牌》，上海辞书出版社2016年版，第119页。

之上，注册并使用“海螺”商标进行优质衬衫的生产。除此之外，“海”还象征着品牌的诞生地上海；“螺”是代表赶超“阿罗”的志向。①海螺最初主要销往港澳地区，用于高档男衬衫，以其严格的标准、新颖的款式、精细的制作赢得了国内外消费者的青睐。1979年，海螺牌衬衫荣获国家金质奖，从此，各种荣誉接连不断，在叱咤风云的80年代，“正式场合穿海螺”的广告语家喻户晓。可以说，海螺每推出一款新产品，就会在市场上引起一股潮流，而且因为常常断货，新品有钱都不能买到。在当时，拥有一件海螺牌衬衫，是一种身份的象征。②从1993年起，海螺重视拓展内销市场，树立商标形象，获得较大成果，成为行业中长期保持名牌形象的商标之一。同时海螺产品线不断延伸，由单一衬衫系列向男式服饰配套产品系列发展。1992年，上海第二衬衫厂投资成立上海海螺服饰公司，并于1993年6月经资产重组，定名为上海海螺服饰有限公司。

海螺牌衬衫是上海海螺服饰有限公司的核心品牌。海螺商标1999年被评为中国驰名商标，海螺衬衫2001年、2004年、2007年连续三次被评为中国名牌。海螺衬衫的设计风格突出男性阳刚之美的特质，不断追踪国际服装技术潮流；近两年还设计开发了“葆莱绒”、“易打理”等功能性衬衫和符合人们时尚潮流需求的“个性化”衬衫。海螺衬衫在制作上，依托海螺服饰制造园的衬衫专业水准与质量保证体系，精心设计、精心制作，通过面料的选择，裁剪的优化，使高端产品保持领先的设计优势、时尚风格和做工精致等特点。

---

① 须峰：《海螺重构》，《上海国资》2013年第7期。

② 须峰、孙玉敏：《海螺：老品牌，新战略》，《上海国资》2012年第9期。

海螺牌衬衫品尝过辉煌，也经历过低谷，近年来，随着众多洋品牌的进驻以及众多新品牌的崛起，“海螺”的经营也受到了不小的冲击。面对冲击，“海螺”开始在功能上做文章。推出的“易打理”衬衫，使职场男士不小心泼溅到的葡萄酒、酱油渍可以较易清洗，推出不到半年，销量达到 6 万件；自主研发了具有较高科技含量的“新结构衬衫”工艺，获得国家实用新型专利，使得衬衫缝线轨迹的抗皱能力能够得到长久保持，达到国际先进水平。除此之外，“海螺”在充分利用发达的电商行业，开通网上电子商务，主推个性化定制，销售成绩同样喜人。① 通过多管齐下，2010 年，“海螺”成功地实现了主业盈利，摆脱了机制老化 / 业绩下滑的问题。企业现有员工 1000 余人，总资产 4 亿 5 千万元，服装主业年销售额 4 亿多元，出口创汇 2000 万美元。迄今为止，“海螺”品牌已先后获得国家金质奖、中国名牌产品、中国驰名商标、上海市著名商标、中国最具市场竞争力品牌等 30 多项殊荣。

海螺服饰在保持制造优势和技术领先的前提下，一直坚持走中国民族品牌发展之路，致力于为中国的消费者制造高品质的衬衫，同时追踪国际服装技术潮流，把产品质量和技术目标对准国际先进水平。尤其是在近几年的高档产品制作中，全面推行精细剪裁、高密度缝制等新技术，对产品质量精益求精，对新工艺不断探索；2005 年又投资 1.5 亿元在嘉定区建造了现代化的服饰制造园区，占地 4 万多平方米，形成了年产衬衫 500 万件、西服 30 万套、休闲服 20 万件的生产规模，从而保证了海螺产品在国内始终保持领先的设计优势、制造水平和新潮流风格。

---

① 李蕾：《纺织“四大花旦”有了“新”生活》，《解放日报》2009 年 10 月 20 日。

到目前为止，公司已拥有技术专利120多项。“正式场合穿海螺”、“海螺不吹亦是歌”，就是对海螺产品品质和风格的最好写照。近几年来，公司新产品开发源源不断，并向高端方向发展，先后推出了保暖系列、易打理系列、丝绵系列以及符合时尚潮流的个性化系列、高级新版型系列等衬衫。海螺服饰在全国一些主要城市开设了销售分公司和专卖店，在各大商场设立专柜，并与加盟商、分销商建立良好的品牌营销体系，构建了遍布全国的营销网络，顾客满意度不断上升，市场占有率一直处于领先地位。2005年、2006年衬衫销售全国排名第二位。2007年，荣获中国商务部颁发的年度“最具市场竞争力品牌”称号。在海外市场的销售上，公司为国外客户定牌制作的各类产品远销欧美、日本等四十多个国家和地区。

海螺服饰从“绿叶”到“海螺”的发展历程，不仅仅是产品的增量、技术的提升和资本的扩张，其中还留下并传承了珍贵的品牌文化。因此，海螺服饰从企业长远发展目标出发，开展了以“海螺”产品为主体的企业整体形象设计的一系列工作，导入了CIS（企业形象识别系统），确立了“承认和提高服饰文化的价值、生产和销售现代、舒适、悦目和个性化的文化服饰”的“海螺”经营理念。并以自有著名商标“海螺”命名企业，使企业在社会公众面前树立一个统一的、鲜明的名牌集团形象。海螺十分注重实施自己的名牌战略，在开展商业广告宣传之外，在社会效益方面做了一些工作，如根据“海螺”“绿叶”品牌影响主要集中在中老年具有一定文化修养的人群中的信息，与团市委、华东师大联合设立50万元的“海螺奖学金”和“绿叶奖教金”，用以奖励本市10名社会实践贡献杰出的大学生和10名优秀教师。通过评奖、领奖等过程，在相应的社会阶层中，树立并强化品牌的形象。① 长期以来，海螺服饰先后出巨资捐助全国受灾地区，开办“海螺希望小学”，冠名出版“海螺、绿叶文库”，赞助“残奥会”等，为回报社会，构建和谐作出了积极的贡献。“海螺”的品牌文化已是企业的一种无形资产，对外是一面旗帜，对内是一种向心力。“海螺”将这种独具特色的品牌文化注入企业的经营管理之中，通过品牌运作方式来推动企业文化创新、观念创新、管理创新、机制创新、技术创新，从而引领企业不断向前发展。

2011 年，商务部授予“海螺”服饰中华老字号企业称号，今天的“海螺”已经有六十多年的历史，有过辉煌，也经历过冲击低落。面对困难，“海螺”紧跟时代步伐，没有被市场所淘汰，依然活力十足地走在中国名牌的行列，正在为创立中国衬衫第一品牌的目标而继续努力。

（高　俊）

① 戴自毅：《以“海螺”品牌为抓手　不断提高市场占有率》，《中国纺织》，1996 年第 7 期。

朋街服饰公司

“朋街”是坐落在上海南京路上的一家女子服装店的店名，生产、销售的女装款式新颖，风格独特，具有较高的艺术品位，创办人是德籍犹太人立西纳。20 世纪 30 年代，为了躲避纳粹对犹太人的迫害，立西纳一个人从莱茵河边来到上海黄浦江畔。1935 年，善于经商的立西纳邀请了几位略懂时装设计和制作的同在上海的友人，又招聘三五个中国裁缝，在“十里洋场”的南京东路 61 号二楼开设了专为外国女士服务的高级缝衣店。店铺的名称是他用家乡的一条小街“Bong street”而命名的，中文译作“朋街”，表达了他对家乡的思念。①

精通生意之道的立西纳，深知在服装制作中衣服的质量和款式占据着重要的地位。以此为目标，“朋街”在树立自己品牌的过程中进行了不断的努力。在质量方面，为了使服装的缝制质量达到一流水平，他挑选工人十分严格，对手艺好、技术精并有绝技或特长的师傅，不惜重金聘用，立西纳花重金聘用了一批缝纫技术精湛的名师，如当时上海服装业中的著名技师俞姜林、张被远及宋长福、宋长庚兄弟等都被“朋街”纳入麾下，使店里形成了一支实力相当雄厚的技术力量。除此之外，“朋街”还以款色新而在上海的服装店中卓尔不群。在这方面，立西纳独具匠心地借鉴盛行于欧洲

① 钱培坚：《衣冠群芳——记上海“朋街”女子服装店》，《企业活力》1987 年第 12 期。

的展览，每年春秋两季在“朋街”举办流行时装发布会，并请外籍女模特举办时装表演，推出欧洲最新流行的时装款式来吸引顾客，陈列于店堂内供来宾观赏定制，吸引当时在上海各国时髦女郎的注目，一时名声大振。这种流行时装发布会当时在上海是独一无二的，因此每次举行都会吸引大批时髦女郎和外国女宾，“朋街”的名气也因此越来越响，一些名媛贵妇纷纷慕名而来，不仅在上海的一些有地位的外国人成为“朋街”的常客，许多社会名流、文艺界名人也纷至沓来。这些别出心裁的方式，使“朋街”成为一家闻名遐迩的高级女子时装商店，在一些高级社交场合，女宾都以穿着有“BONG STREET”商标的时装来显示自己的高贵。① 立西纳的数年经营，在上海时装业竞争中取得了良好声誉。

“朋街”成为名噪上海的高级时装店，“贵妇人”们以身穿“朋街”服装为荣耀。正当立西纳春风得意、踌躇满志时，现实却无情地粉碎了他的美梦。太平洋战争爆发后，立西纳被日寇投入了集中营。原“梅龙镇食府”老板李某，代管朋街业务。抗日胜利后，立西纳从集中营回到朋街，雄心大挫而无心于业，反法西斯战争胜利更加深了他对家乡的思念，萌生了强烈的思乡之情，遂将“朋街”盘给领班张新远、张根挑叔侄，自此，“朋街”的产权转到了华人手中。但是，经历社会动乱，以及解放战争的胜利，一些外国人纷纷撤离中国，主要为外国人服务的朋街业务日益衰落。中华人民共和国成立后，由于消费对象的变化，服装业萧条，业务不景气，这时南京东路 61 号房屋大修需要紧缩，朋街就搬进沙逊大厦底层 20 平方米左右的楼梯间，一直惨淡经营，屡受折磨的“朋街”已经难

① 外滩：《“培罗蒙”与“朋街”》，《华夏星火》2001 年第 7 期。

以恢复往日的辉煌，只是勉力维持着。①

等到全国解放后，“朋街”终于重获生机。1956 年“朋街”实行公私合营，为了发扬朋街女子服装特色和接待外宾需要，经组织调整，将朋街迁到南京东路 154 号扩大营业场地，并在全行业范围内挑选 10 多名身怀绝技的老师傅充实朋街的技术力量，如李万胜的衬衫、傅振堂的大衣、曹永泉的铜丝盘花纽扣、邹顺章的各式旗袍，其工艺之精湛，造型之优美，在上海堪称一绝。但是，当时店内主要消费对象是外宾、归国华侨和国内高层次定制消费服务，为此还配备了专职的翻译职员，店里只有少量高档服装现货出售，一般市民较少光顾。纵观“朋街”的历史会发现，从开业之初鲜有普通消费者问津，到后来门庭若市，经久不衰，其之所以享有盛誉，与尊重人才，视老技师为“店宝”密不可分。尊重老技师的技术，关心老技师的生活，给予他们优厚的待遇。待之以礼、重在情意，这些措施使得老技师们甘心为“朋街”尽心竭力奉献自己的力量。②精工细作的质量，加上引领潮流的款式，“朋街”的生意十分火爆，据说蜂拥而至的顾客挤碎了店里一块又一块玻璃柜台，为安全起见，店铺里的柜台台面只得全部换上不上档次的纤维板。甚至店铺的营业员都发出：“平均 27 秒成交一笔生意，都快累死了”这样幸福的“牢骚”。③“朋街”通过发扬传统经营特色，把商店办成了上海第一流的服装店。

在“文化大革命”期间，“朋街”因为其经营高档服装的定位，

---

① 周三金、方加寿、戈叔初、蔡贤堂编：《上海市黄浦区商业志》，上海科学技术出版社 1995 年版，第 347 页。

② 晓星：《“朋街”人才学》，《上海企业》1985 年第 5 期。

③ 钱培坚：《衣冠群芳——记上海“朋街”女子服装店》，《企业活力》1987 年第 12 期。

被污称为“为资产阶级服务场所”，商店多次改名为“新裳”、“风暴”，经营特色也被冲刷干净，除了少数外宾来料加工业务外，门市改为一般服装现货供应，直到1976年后才得以恢复店名。朋街在1992年改名为朋街服饰公司，同时士美服装商店也划给朋街为第二分店。朋街在市场激烈竞争中，不断改变经营策略，健全各项企业管理制度，实行有形、有声、有情、有信的“四有”服务，让顾客满意，使企业面貌不断刷新，销售逐年上升，取得较好效果。①

现在的“朋街”位于上海市南京东路154号，是一家专营女式时装的名牌特色企业。随着经营能力的不断提高和对外交往的日益扩大，朋街服饰现已拥有三个商场和一个自产工厂。公司生产的夹克套装、花色大衣、衬衫、旗袍、连衫裙和系列礼服等产品，因为精密的剪裁，考究的工艺，以及优美的造型，被誉为“云裳独擅”的时装精品。其中丝绸晚礼服注重女性形体特征，采用立体裁剪，精工制作，成品质量丝缕顺直，线条流畅，穿着适体，动静自然，风格雍容华贵，在中外顾客中享有盛誉，并连续四届获得上海市十佳优秀服装作品设计奖。花色呢大衣、西装套裙被评为中华人民共和国商业部优质产品，评分名列同类产品榜首。公司拥有许多扬名中外的时装设计师，工艺师和一大批中青年技师。经营上坚持产销一体的特色，产品畅销全国大中城市，并为国际时装界所瞩目。

（高　俊）

① 周三金、方加寿、戈叔初、蔡贤堂编：《上海市黄浦区商业志》，上海科学技术出版社1995年版，第347页。

盛锡福帽业有限公司

被誉为中国“帽业之冠”、“帽子大王”的盛锡福，是被国内贸易部第一批命名为中华老字号的单位之一。盛锡福距今已有一百多年的历史，可以说盛锡福的历史折射出了近代中国帽业发展的辉煌成就。盛锡福的创始人为山东掖县人刘锡三，家中世代务农，后因为天灾歉收离开家乡。1911 年，刘锡三与人合伙在天津估依街开了一家小帽店，起名“盛聚福”，1917 年帽店改为“盛锡福”。从盛锡福的名字，可以看出创立人对它寄予的厚望，“盛”字是希望买卖茂盛，“锡”字是取刘锡三名字中间的一个字，“福”字是因为刘锡三乳名叫“来福”，是祝福吉祥之意。

盛锡福的创始人靠着卖草帽起家并以其为主打产品，金字招牌则为皮帽，同时也生产呢制礼帽、皮制三块瓦帽，帽内软外挺，戴着舒服，外形美观。可以说草帽、皮帽、便帽，三顶帽子撑起了盛锡福这个品牌。更令人敬佩的是刘锡三的见识卓远，为了创名牌，防别人仿制，早在 1921 年，就向当时政府申请注册了“三帽”牌商标。① 商标是在盛锡福的三个字下面，用草立连成环形，中间三顶帽子呈“品”字形，下面是“三帽商标”四个字，从上往下顺着一念，刚好就是“锡三”二字。厂名和商标正合锡三之名，含义是锡三创办的盛锡福、制造的“三帽”牌帽子长盛不衰，让他的名字

① 胡芳：《传承帽业文化，抒写百年传奇——盛锡福中国帽业博物馆印象》，《时代经贸》2010 年第 7 期。

永远与帽庄一起长存。

刘锡三办帽厂正值民国初年，辛亥革命发生后，南京临时政府颁令强行剪辫，当时人们剪掉清朝遗留的长辫子，摘掉瓜皮小帽，一时难以适应这种变化，于是，时兴起戴帽子。刘锡三适时地引进英法美等国的呢帽，所以在帽子市场上一炮打响。据说，当时盛锡福帽店日夜赶制帽子，仍然供不应求。为了保持品牌的名誉，“盛锡福”宁肯返工、作废，也不准劣质产品出厂，产品质量自然为人们口耳相传所称道。后来，刘锡三派大徒弟三赴日本考察学习，不到几年，就添了八九个专业工厂，如皮帽厂、便帽厂、缎帽厂等。在1929年菲律宾举办的国际博览会上，盛锡福的草辫和草帽获得了头等奖，属东亚地区的草帽业冠军。由于经营得法，在1924年至1934年近十年间，盛锡福持续不断发展，获得的各种奖项达十六项之多；到解放前，通过近30多年的努力，盛锡福以其优良的产品、周到的服务赢得“帽业大王”和“帽业专家”的称号，享誉海内外。①经营帽厂大获全胜的刘锡三不止于此，他不断投资扩大自己的经营范围，盛锡福的行庄和销货商埠几乎遍及全国并且走出了国门，在北京、南京、上海、武汉、青岛、济南、徐州、台湾等地开设了分号，在新加坡、菲律宾、捷克、瑞士、缅甸、越南、意、英、法、美等国设立了代销处。

新中国成立后，在“三大改造”中，“盛锡福”进行了公私合营。当年为陈毅外长出访印尼制作的金丝草草帽，为周恩来总理出访莫斯科制作的水獭皮帽，为朝鲜金日成首相制作的海龙皮帽，还为印尼苏加诺总统制作过一顶三羔皮帽，1993年为李瑞环制作水

① 胡芳：《传承帽业文化，抒写百年传奇——盛锡福中国帽业博物馆印象》，《时代经贸》2010年第7期。

獭土耳其皮帽和1998年为江泽民制作的毡礼帽、羊皮前进帽。这些帽品都一一记录下了盛锡福发展的里程碑。礼貌待客、和气生财，是盛锡福的核心经营理念，也正是这种理念，为盛锡福发展壮大奠定了基础。

1939年，天津盛锡福帽厂设在上海的分店——上海帽店开业，坐落在南京路747号，原名“盛锡福帽厂上海发行所”。上海盛锡福招牌字体出自直系军阀首领吴佩孚之手，专营盛锡福帽厂生产的各种礼帽、皮帽、草帽等。解放前上海盛锡福帽店还没有工场，1954年，上海“盛锡福”建立工场，开始了自产自销的经营模式。“文化大革命”中，上海盛锡福帽店曾改名为红旗帽店，后又改为红宇帽店，1977年恢复盛锡福帽店原名。盛锡福帽子原商标为“三帽牌”，1972年，为了区别于其他城市的“盛锡福”，上海“盛锡福”取“锡福”二字的谐音，重新设计创立了“雪蝠”牌商标。帽子以雪花两个物体作为标记，其含义为：以雪花表示天气寒冷，需要帽子来保暖，蝙蝠在中国则表示吉祥如意。由于技术人员精心设计，精心制作，质量优良，雪蝠牌帽子很快就受到了消费者的喜爱，从此打响了“雪蝠”的品牌。雪蝠牌帽子以选料考究、做工精湛、款式新颖而著称。1985年雪蝠牌帽子参加全国评比，得奖比例为全国第一，其中全毛华达呢圆顶帽、全毛花呢便帽、尼龙网眼儿童朝鲜帽、防雨卡晴雨帽五个品种被评为中商部部优产品称号。1989年盛锡福帽店被命名为上海市名特商店。

上海盛锡福帽店除经销各类特色缝制呢帽和针织帽外，还供应特大、特小帽，定制寿帽、工作帽以及各种特殊需要的帽子。1991年重新翻建，增设二楼商场，安装自动扶梯，兼并佳履皮鞋店，经营范围扩大到皮鞋。1993年5月，在崇明开设崇明商行，同年6

月被长城兼并，更名为上海长城鞋业服饰公司盛锡福帽店。① 改革开放后，不少百货商店、服装商店、鞋店都兼营帽子，专业帽店越来越少。到 1995 年，“盛锡福”成为上海唯一专业经营帽子的特色店。②

一个多世纪以来，盛锡福没有辜负它的创始人，以其精湛的手工制帽技艺，高品质的原材料，周到的个性化服务受到达官贵人和天下富甲的推崇，产品遍及亚洲、澳洲、欧洲和美洲，共有裘皮、皮革、毡呢、针织、麻草等四千多种款式的帽子走进千家万户。2008 年，盛锡福皮帽制作技艺列入国家级非物质文化遗产；2010 年，中国首家帽文化博物馆在盛锡福诞生。目前，盛锡福经营时装帽、休闲帽、裘皮帽、针织帽、儿童帽、礼士帽、棒球帽、草帽等 8 个系列近 4000 个花色品种，远销海内外。

有句著名的俗语流传至今：“头戴盛锡福，脚踏新盛泰，身穿谦祥益，手戴亨得利。”说的都是当年盛极一时的“老字号”。 但是，随着时代的发展，能掌握盛锡福皮帽制作工艺的技师屈指可数，而且愿意踏踏实实学习钻研传统制帽工艺的年轻人越来越少。盛锡福皮帽制作工艺流程复杂，每道工序都是历代的制帽师傅通过对生产经验长期积累总结出的技术成果，手工工艺具备机械制造无可比拟的优点。追求高品质是盛锡福的招牌，但同时限制了盛锡福在如今人人崇尚“快”文化的时代背景下的发展，专营帽子的“盛锡福”，在批发市场、商贸大厦、网店团购如此激烈的竞争中，想

① 周三金、方加寿、戈叔初、蔡贤堂编：《上海市黄浦区商业志》，上海科学技术出版社 1995 年版，第 375 页。

② 由月东、陈春舫编：《上海日用工业品商业志》，上海社会科学院出版社 1999 年版，第 228 页。

要一家独大，显然十分困难。位于上海南京东路的盛锡福最终也难逃搬迁的命运，据上海张小泉的钱正明总经理回忆：“大概十年前，南京路改造，很多老字号都只能迁走，像做帽子的盛锡福，现在商店在哪都不知道了。”实在是令人唏嘘。

（高　俊）

二、医药业

蔡同德堂

人声鼎沸的南京路商业街上，一栋有着飞梁翅檐古典风格的建筑坐落在这片热闹当中，显得如此别致，它就是国内规模最大的中华老字号之一——蔡同德堂药号。2009年，重新装修后的蔡同德堂老桩新枝，焕然一新，经营面积扩大到3000平方米，五层店堂同时迎客，一二层主要经营参茸补品和各类保健食品，三四层主要经营药妆、中西成药、医疗器械等，五层多提供给有预约的患者，数个诊室错列排开，在药材价格与看病挂号的档次上尽可能满足所有消费层次的顾客，这也为蔡同德争取了一大批别的药号吸引不到的顾客群，历经135年依旧门庭若市，长盛不衰。

清光绪八年（1882年），蔡同德堂在《申报》上足足刊登了两个月广告，预告自己会“择吉开张”。老板蔡鸿仪，字嵋青，祖籍浙江宁波，自幼读私塾，喜好古文，从神农氏尝百草的故事中喜欢上了中医中药，成年后当过布商，也行医卖药，但在汉口经营药铺不景气，便决定移址上海发展。①他借用《尚书·泰誓》中“受有亿兆夷人，离心离德。予有乱臣十人，同心同德”的典故，于光绪元年在汉口始创蔡同德堂，八年后迁至“上海北市抛球场后，坐西朝东石库门内……今择九月初八日开张”②，店名牌匾竟然请来李鸿章为之书写。之所以有此墨缘，据悉是李家家中有人患有哮

① 叶子：《蔡同德堂的前世今生》，《医药经济报》2006年5月31日。

② 《上海蔡同德堂》，《申报》1882年10月19日。

喘，服用蔡同德堂所供的人参蛤蚧膏而病情好转后，李鸿章欣然提笔的。①

蔡同德堂开业前后，蔡鸿仪还用铜版雕制印成“鹿鹤寿星”的一份份小广告发到市民手中。该画是聘吴道之所作，有梅花鹿、白仙鹤、皓发童颜的老寿星、药葫芦和预示长寿的蟠桃，寓意明显，略懂中国文化之人皆明白其中含义。②上海民众拿到这些传单很快就明白了蔡同德堂的文化理念和品牌价值。“鹿鹤寿星”至今仍是蔡同德的注册商标，悬挂在店堂正中，广泛为大众认可。

蔡同德堂门面店堂出售人参鹿茸、丸散膏丹、胶露药酒、饮片配方，后场切制饮片、炮制药酒、煎膏炒药，因这种传统的前店

---

① 晓诗：《国医　国药　国学——“蔡同德堂”百年大写意》，《上海企业》2012 年第 4 期，第 11—13 页。

② 肖瑶编著：《留住老传统：老字号的风雨传奇》，西苑出版社 2011 年版，第 137 页。

后工厂中药店模式，有“高高墙头寿星记，前店后场同德堂”之说。[①]店内分工细致，设有饮片、丸散、细货、刀房、料房等16个部门，严格把关，精心制药，采各省道地的名贵精品药材，如参燕、银耳、鹿茸、野参等，博搜古今秘方，分门别类，精制各种丸散膏丹，以人参再造丸、回天再造丸、回大补全鹿丸、外科六神丸、参茸卫生丸，妇科万应丸、人参乌鸡白凤丸、圣济大活络丹、消痰猴枣散、西藏真马宝等尤为珍品。又在杭州湖滨路设胶厂，汲取西湖秀水，杜煎虎鹿龟驴等胶，因担心来自市场的烧酒掺杂卫生问题，便自己精酿各种药酒。1931年，蔡同德堂更是直接接办百年叶树德堂，成为各种胶类的唯一供应渠道，[②]以良好的口碑，逐渐成为上海当时中药业里规模极大，设备最为齐全的名店。蔡同德堂利用近代上海商圈核心地段——南京路为基地，诚信经营，而生意兴隆，触角一度从国内伸至海外，全面抗日战争前，所生产的丸散膏丹已行销中国香港地区、美国旧金山、印度尼西亚及南洋群岛等地，其中纯黑驴皮膏每年外销约5000千克，虎骨木瓜酒每年外销10万瓶。[③]

“一·二八”事变爆发后，上海的中药业一度萧条，蔡同德霍山路酒厂毁于炮火，杭州胶场也被洗劫一空，损失惨重，以致无法继续生产，经近三年慢慢整葺，方逐渐恢复正常。正值1939年寒冬，孤岛上海租界人口密集，市场畸形繁荣，人们在中药市场上追求冬令滋补品，蔡同德堂两大招牌产品之一的洞天长春膏此时问

①③ 张文勇、童瑶、俞宝英主编：《上海中医药文化史》，上海科学技术出版社2014年版，第172页。

② 《上海蔡同德堂为叶树德堂发售本堂诸胶启事》，《申报》1931年11月22日。

世，广告中此膏是“搜集珍品、科学炉焙、健身驻容唯一补品”，更是有“添精益血、补气宁神、消痰养肺、清火生津、开胃润肠、定志固肾、聪耳明目、驻颜延龄”的功用，男女老幼四时咸宜，出新品的几月内购买更有九折优惠。① 洞天长春膏和虎骨木瓜酒成为了蔡同德堂两个拳头产品，海内外享有很高声誉，盛销不衰。

蔡同德之所以能有极好的信誉，除了“炮制虽繁必不敢省人工，品味虽贵必不敢减物力”，精益求精加工出特色优质的产品外，也与其传承百年的祖训不无关系，即真诚为本、信义为根，治病在前，救人是本。蔡同德从新店之时就支持各类公益事业，且十分慷慨。曾为灾区捐药“藿香丸二千服、蟾酥丸一千服、卧龙丹一千服、□瘟丹四百服、红灵丹二百服、午时茶二百服，共计丹丸装成

① 《蔡同德堂最新出品洞天长春膏》，《申报》1939 年 12 月 25 日。

一箱计四千八百服”①“顷蒙蔡同德药号之主人嵋青大善士，慨助赈银一千两，又孝友堂裕记洋一百元，袁君心田洋一百元……”②，资助宣传卫生教育知识的少年宣讲团“小西门少年宣讲团、自暑期卫生实讲队组立后、迭荷各大药房及施德之等接济大宗药品、兹又蒙震寰也广拨助至圣水四打、又蔡同德助天中茶近百包、救急丹五十瓶”③，支持北伐军“兹将各界捐助物品总数依收到先后次序披露于左，卧龙丹七十瓶蔡同德药铺，纯阳正气丸一盒蔡同德药铺……”④等等。上海各界援助爱国志士委员会、爱国志士潘洪生，在狱从法院具保释出，但其病重，病症反复不定，医院均不愿负责治疗，只好在家自行找医生诊治，药方中均用人参，而潘家已十分贫苦，无力支撑，蔡同德药号捐助其一大枝人参，保住其性命。⑤在产品上，多年延续下来的传统依然不变，即使如小小的端午香包，也要使用自己配置的香粉，用上好药材，留香持久；熬制出的补膏虽程序复杂，历经半月之久，也要一板一眼，成品极佳。即使任务繁忙，也要在周末为群众免费义诊。蔡同德堂作为四大国药号之一，与雷允上、童涵春、胡庆余堂一起雄居上海国药界。

抗战期间及抗战后的几年，西医西药大量充斥于市场，而中医作为“旧”的一类被视作落后，甚至被歧视，再加上币制一再贬值，商业虚盈实亏，苛捐杂税繁重，蔡同德堂一度经营惨淡，业务急剧衰落，仅能靠名牌维持生计。1946 年，为了促进销售，蔡同德堂在包装上下足文章，“自定新式酒瓶，贴以精印精图照纸及鹿

① 《药铺丹丸午时茶委解灾区》，《申报》1886 年 7 月 30 日。
② 《仁济善堂经收徐海振捐特志》，《申报》1906 年 12 月 26 日。
③ 《少年赏请团讲演卫生》，《申报》1924 年 7 月 20 日。
④ 《上海妇女慰劳北伐前敌兵士会》，《申报》1927 年 8 月 30 日。
⑤ 《潘洪生病势危亟》，《申报》1934 年 11 月 3 日。

鹤寿星商标，并轧以自印铁盖，庶免假冒其瓶之外形。骤视之似较矮短实则容量一仍其旧（一足市斤）”①。

上海解放后，党和国家提倡发扬祖国的医药遗产，创建蔡同德堂中药制药厂，将手工操作改为机器生产。1952年后设立代客煎药、承接劳保业务，开展同业批发业务，与久和永药行（饮片批发商）合作，批售该店的各类丸、散、膏、丹等，成为上海市第一家接受国营公司收购成药业务的中药店。②1958年以后，饮片和成药制作移交专业药厂统一生产。20世纪60年代后期，曾更名为“东方中药店”，1979年恢复原名，停产多年的虎骨木瓜酒、洞天长春膏等亦重与消费者见面。

改革开放之后，蔡同德堂药号掀开了有史以来最辉煌的一页，焕发出了更亮丽的青春，所谓“青囊千古泽，红杏今日春”，这株老桩新枝、这朵药业奇葩成为南京路步行街上的一颗璀璨明珠。在全长度千米的步行街上，蔡同德堂是惟一的一家中华老字号中药店，以层高八层、纯经营面积3000多平方米，有着飞梁翅檐、古朴典雅的外表和中西合璧、豁达敞亮的内部装饰结构，专业经营中药饮片、中西成药、天然名贵参茸补品、保健品、医疗器械等5000多种品种的现代化商业大厦，以其亮丽的形象耸立在中华第一街南京路上。③蔡同德多次连续被评为上海市文明单位，坚持品牌建设，发扬“名店、名医、名品”的品牌策略，升级商品管理、贮藏与销售方式，充分发掘老字号的文化内涵，继续保持自己中药

① 《蔡同德堂为各种药酒改装新式瓶样启事》，《申报》1946年12月1日。

② 王士琛：《蔡同德堂药店》，陆坚心、完颜绍元编：《20世纪上海文史资料文库》第4册，上海书店出版社1999年版，第290页。

③ 叶子：《蔡同德堂的前世今生》，《医药经济报》2006年5月31日。

巨头的竞争力。

中医药行业并不是利润丰厚的行业，这种商业成绩的取得，跟蔡同德堂一以贯之的“诚义”密切相关。“炮制虽繁必不敢省人工，品味虽贵必不敢减物力”，“真诚”为本，“信义”为根，“治病在前，救人是本”———世事虽变，蔡同德堂始终传承百年来的祖训。蔡同德堂的传统补膏全国闻名，膏方极其复杂的生产工艺却始终没有半点含糊，然而尽管生意繁忙，顾客盈门，蔡同德堂仍然坚持每个双休日医生免费义诊，把脉开膏方，即使不在店里煎制，也绝不收取费用。因为蔡同德堂对于中医精髓的理解，不但是药草、方子，更重要的是医者仁心。① 百年传承的“诚义”文化，才是蔡同德堂的品牌价值和成功秘诀。2015 年 6 月 16 日，新世界与上海新世界（集团）有限公司签署了股权收购意向书，公司以自有资金完成收购，持有蔡同德 100% 股份。2014 年，蔡同德药业实现净利润 1983.19 万元。

（徐　涛）

① 《蔡同德堂：蔡同德堂：亿元销售“义”当先》，《上海企业》2011 年第 5 期，第 22 页。

华美大药房

华美大药房以历史悠久，资本雄厚闻名，主要以药品批发为主要业务，是上海地区最早开设的大规模西药房之一。

华美大药房的具体创设时间，各方各执一词，但据《申报》1907 年 10 月 10 日首载“上海新开华美大药房九月初六日先行交易择吉开张，本药房开设英界大新街春桂戏园隔壁”一则，① 笔者确认 1907 年农历九月初六（10 月 12 日）为其开业日期。

华美大药房由黄云华（原威济药房出身）和陈梦飞（原中洋药房出身）合伙创建的，开始设立于大新街（今湖北路），之后迁往宝善街（今广东路），规模资金较小，注册资金只有 2000 元，做的也是小额药品批发经营，而如今的大药房，是缘于十多年后的转折。

1918 年，黄陈二人都无心经营药房，便以 15470 元的价格全盘出让给了未来上海西药行业的巨擘——徐翔孙。

徐翔孙，上海嘉定（时属江苏省）人，出身于中医世家，家境贫寒，曾在上海中英大药房当学徒，但他勤奋好学，自奉简约，工作卖力，且又善于接待顾客，颇得药房经理的欢心，不久便被提升为营业主任，从此“下海”之路基本顺风顺水。徐翔孙积极参与了爱根生公司“童美”牌花露水的生产和销售工作，此时华美大药房

① 《上海新开华美大药房九月初六日先行交易择吉开张》，《申报》1907 年 10 月 10 日。

也在与该公司合作。徐翔孙的成长经历和多年的工作经验，让他对于药品经营有着独到的见解。在接手华美大药房后，徐翔孙当即对药房陈旧的经营方法和理念等进行了改革，及时引进西方先进的药品经营模式，使得该药房的每月营业额节节攀升，利润也是逐年提高。1921 年又低价购进位于福州路山西路口创办于 1918 年的美泰西药行，进一步拓展业务。1922 年，出资将药房搬迁至福州路 356 号，在药品销售的同时投资药品工业生产，极大地扩大了营业场地和经营种类，华美大药房的“完整框架”开始成型，但营业额依然不尽如人意。①

20 世纪 20 年代末，华美大药房在白克路（今凤阳路）祥康里自建药厂，即长生化学制药厂，主要生产家庭常用成药，代表产品“狮球”牌华美十滴水、海力福命丸、疗百肤药膏和速治而针剂、片剂等即产于此。但华美大药房的主业此时已转向大宗药品批发，投入小宗药品的生产资金有限，“狮球”牌药品的产量和产值均不高。在华美大药房全年营业额中，药品工业生产所获的纯利润只有 5％左右。为改变这一尴尬

① 左旭初：《百年上海民族工业品牌》，上海文化出版社 2013 年版，第 165 页。

的状况，1936 年春，华美大药房通过同行介绍，以 4.4 万元的超低价买下华英大药房早年耗资 10 万元建成的平凉路药厂厂房，花费一定金额对该药厂的部分生产设备进行了必要的整修，迅速恢复生产了该厂以前生产的市场传统畅销药品，如“润肺止咳露”、“明目精奇水”和“刀伤止血药”等，扩大了华美大药房的生产规模和药品种类。不久，华美大药房将平凉路药厂的制药设备搬迁至派克路（今黄河路）327 弄 40 号，单独开设华美制药厂。其间，药厂主要生产已是国内药品市场的名牌产品“狮球”牌华美十滴水、海力福命丸、疗百肤药膏和速治而针剂等。① 此方法一举成功，至全面抗战前的 1936 年底，华美大药房药品生产和销售都非常兴旺，营业额快速上升，在同行中仅次于五洲大药房，完全超过了诞生比自己早的中西大药房和中法大药房，位居全上海第二位。1936 年，该药房年营业额已达 380 万元，比 10 年前的年营业额 46 万元，增加了 726%，纯利润达到 157 万元，一举成为药品经营行业罕见的暴发户，列入上海早期的七大药房之一，达到了近代发展史上的鼎盛时期，华美的老板徐翔孙也顺利当选上海市新药商业同业公会主席。华美为同业公会第 6 号会员，并加入国际贸易业公会和医疗器械业公会。②

徐翔孙的文化水平不高，据业内人看法，其成功之处在于他有一定的经营管理才能，用人得当。在业务上起初得熟悉西药生意的黄裕生相助，为华美打下了基础。后黄自去开设大中西药行，即选

---

① 上海市医药公司、上海市工商行政管理局等编著：《上海近代西药行业史》，上海社会科学院出版社 1988 年版，第 251—254 页。

② 孔令仁、李德征、苏位智、李岫：《中国老字号　玖　药业卷》，高等教育出版社 1998 年版，第 270 页。

拔他的得意学生张昌敬为业务经理。张也是嘉定人，精明干练，对业务非常熟悉，所有经营品种、规格、价格，都能对答如流，善做药品进口订货生意，为华美后来的发展起到主要作用。而徐本人则视店如家，早到晚归，衣着朴素，勤俭成风，常在店堂内亲自招待客户。①

但好景不长，不久徐家发生了一件大案，虽与华美大药房的经营并无直接关系，但也成为当年轰动上海滩的谈资。徐翔孙育有两子，长子打理店铺有条不紊，次子却是个不学无术的花花公子，两人矛盾结下已久，终于爆发，弟弟一冲动竟拿斧子砍死了哥哥。可传统思想根深蒂固，徐家不能无后传宗接代，徐翔孙便狸猫换太子找了个乞丐尸体，装作自己小儿子已经偿命，谁知此事被一些报纸记者披露出来，纵使花费 10 万元以上，动用各层关系也无法平息上海滩的悠悠众口，于是只好看着次子血债血还也毫无办法。② 屋漏偏逢连夜雨，自此事发生后，直到新中国成立这九年里，华美大药房历经萧条。抗战爆发后，因对外水陆交通中断，产品、原料无法正常运输，“狮球”牌华美十滴水、海力福命丸等产品只得暂停生产。之后华美大药房积极响应国民政府号召，要将价值约 70 余万的机器设备和生产原料等内迁至西南地区，分两批运往西南重庆。但第一批货物在运输时，不幸被日军敌机炸毁，损失惨重；第二批价值约 10 万元的药品，竟在转运途中被不法之徒吞没。日军在 1941 年 12 月强行占领了上海租界，华美大药房所属的两处

① 上海市医药公司、上海市工商行政管理局等编著：《上海近代西药行业史》，上海社会科学院出版社 1988 年版，第 249—250 页。

② 孙德祥：《徐翔孙与上海华美药房》，寿乐英主编：《近代中国工商人物志》（第 4 册），中国文史出版社 2006 年版，第 387—388 页。

药品生产厂房也被日军完全占领，一度成为日军军用物资仓库。抗战胜利后，华美制药厂终于恢复各种“狮球”牌药品的生产，可时局动荡不安，国内药品市场又不断受到美、英等国的严重冲击，销售很不景气，药厂的日常主要开支都要完全由华美大药房补贴。

新中国成立后，华美大药房和华美制药厂终于获得了新生。人民政府给予企业外汇照顾，使其从西方国家进口了很多西药和原料。1950 年，华美大药房和华美制药厂的年营业额达到 743 万元，年盈利就有 100 万元，之后逐年恢复，并将华美大药房和华美制药厂完全分离。1952 年，华美制药厂从原址搬迁至河间路，生产的药品种类在原来基础上增加了“狮球”牌盐酸麻黄素、黄连素、乳酸碘酞钠等新产品。1955 年药房药厂公私合营后，华美大药房继续在福州路 356 号从事药品、化学试剂等经营活动，而华美制药厂则于 1958 年 4 月并入上海科发药厂，“狮球”牌药品商标就此弃用。

1964年，华美药房改名为“黄浦化学水剂商店”，1979年12月恢复“华美药房”店名。①

如今的华美大药房，以“华美”又务实的全新现代形象融入中华商业第一街——南京东路步行街之中，与时俱进，开放创新，引进国内外先进药房设备等，努力拓展非药品如药妆、保健品等经营品种，同时为消费者营造舒适的购物环境，构绘崭新的华章。

（徐 涛）

① 孔令仁、李德征、苏位智、李岫：《中国老字号 玖 药业卷》，高等教育出版社1998年版，第273页。

九和堂

总店设于南京西路765号的九和堂，是以独家经营广东药材而闻名于上海滩的名特商店。相传，九和堂之品牌源于三国名相诸葛亮世代行医的后人，诸葛族人在全国各地经营的药店有300多家，仅在诸葛木村就有葆仁堂、九和堂等6家。当时有“徽州人识宝，诸葛人识草”之誉，村中家家习药成风，医药经典熟读成诵。① 九和堂药铺也是其中之一。

“九和堂”门面金字招牌，是其品牌的重要标识和形象载体，三字大匾选自宋代大书法家米芾的碑帖，加以放大，原物1947年分店开幕时曾拍照留存，但“文化大革命”时被勒令上交了，其他所有产品的包装纸上也都印有这三个字。关于九和堂取名的来历，说法不同，笔者取创始人李健良之子李汉怡的忆述：“九”字源于《周易》，以阳爻为九，如初九、上九之类，故九月初九谓之重阳，即两个阳九的含义，是吉利的意思；另外，因九字笔画少，为妇孺所易记。“和”字以调和、中和、和为贵以及商业上的和气生财等，调和、中和对人体健康有利；“堂”为中药店的习惯命名，店名总体上是取个吉利之意。②

20世纪30年代，上海本土的中药业已经发展成型，多个名店

---

① 九和堂主页，品牌文化 http：//jiuhetang.org/brand。

② 李汉怡：《九和堂广药店》，中国人民政治协商会议上海市静安区委员会文史资料工作组编：《上海市静安区文史资料选辑》，1985年版，第177页。

屹立在南京路上，但中国南北气候相差悬殊，风土人情互异，广东地处中国的最南端，气候炎热，人们习惯于服凉茶，祛湿水、祛湿粥、清补凉等为广东人家庭良药，木棉花、绵茵陈、王老吉也是日常饮料，小儿的七星茶，孕妇的十二太保，分娩的生化汤均为客户所信仰，如陈李济丸散，名闻国内外。上海开埠以来，广东人的地位一向重要，粤籍人士在上海更是办有很多企业，最为知名者如先施、永安、新新、大新南京路上四大百货公司，均为广帮所办，而四大百货的职工亦以粤籍人为多数，且又聚居于虹口四川路一带，而广东中药铺在上海尚无大规模的店面，经营较少，市场空间很大。

李健良原系先施公司钟表首饰部部长，曾在东亚旅馆、东亚酒楼任部长等职，他有一位结拜兄弟龚曼禅，曾是汉口（今武汉）先施公司分行主任，1931 年因水灾辞职来沪行医，却业务不振，因而他们两人共商筹资创业，开创一家广药商铺。广帮办企业很多采用亲友一次性集股，每人认一份作股金，九和堂就用这方式集资的，股东中有多位是商界中知名人士，还有政界中人，例如：黄绍竑，系国民党浙江省政府主席、和谈代表，解放后任全国人大常委，股东名册中用他女儿黄振雯、黄振霞的名字；李述初是大英轮船公司华人经理（即买办），股东名册用李程氏；李星赞是美国檀香山华侨；李庆桂是美国旧金山华侨；何逸洲是南京东路明华绸布店经理，股东名册用爱日堂；张坚是先施公司进货间高级职员，股东名册用张安昌等共有 33 人，在四川北路大德里口创立“九和堂”，于 1933 年 10 月开业，这是应时而生，因地制宜。开业后，由于作风正派，货真价实，深得顾客好评，营业大有起色，于 1937 年春，又在四川北路武昌路口开设分店，业务更有进展。[①]1937 年“八一三”淞沪会战战前，为了安全考虑，九和堂将总分店并迁至当时属公共租界的静安寺路（今南京西路）765 号，从此总店就在这里正式营业至今。

九和堂主要经营中药饮片、中成药、参茸银耳和各种中高档滋补品，以广药为主包括木棉花、绵茵陈、王老吉、小儿七星茶、分娩生化汤等，兼备上海帮药材，顾客对象多固定，如四大百货公司的老板、高级职员和其他企业的资本家，讲究药材产地，既求质优，又求美观，当然售价也较高，但与胡庆余堂、雷允上、蔡同德等几大家药价 9 至 95 折相比，九和堂的 85 折还是要实惠很多。而在服务方面力求周到，兼做电话送货、邮购服务、拟开药方、代客切参、小料加工，对于老弱病残或行走不便的病人提供上门服务。将医生坐诊时间刊登于报，方便市民，“龚曼禅先生八时至十二时，黄宗禧先生八时至十时，杨保岐先生十时至十二时，李渡生先生一时至三时，郭少伯先生一时至三时，陈秉衡先生三时至五时，唐景韩先生三时至五时”[②]，又如安乐毛纺织厂老板邓仲和吃饭时缺少胡椒粉，打电话来叫送，虽然只是一元生意，也立即安排人员送去，秉承此种热忱贴心的服务态度，不断稳定发展也是常理之中。

上海解放后，1952 年的三反、五反运动，九和堂被评为“基本守法户”，劳资关系正常。1955 年，经劳资协议订立轮休制度。1956 年，九和堂公私合营，成为国有企业。1957 年，被评为新成区十三面红旗之一。1958 年，又被评为上海市先进单位（全市

① 李汉怡：《九和堂广药店》，中国人民政治协商会议上海市静安区委员会文史资料工作组编：《上海市静安区文史资料选辑》，1985 年版，第 177—178 页。

② 《九和堂国药号现迁静安寺路卡德路口照常营业赠诊》，《申报》1937 年 9 月 2 日。

只评上九和堂一家）。在党的领导和职工的共同努力下，先进单位连续保持了几年。“文化大革命”期间，曾改名为“万年红草药店”。①1969年，与静安中药切制厂合作，共同研制成功治疗肝炎良药——“垂盆草冲剂”，经过临床试验，证明疗效显著，销售量逐年增加，销售地区也逐年扩大。②

改革开放后，九和堂走上了发展快车道。1984年重新恢复“九和堂”的金字招牌，发展出3个零售店、1个批发部，业务不断扩大，销售年年增长，并兼营参茸、银耳、营养补品等。1993年，九和堂开拓东南亚和港澳地区国药市场，成为经国家卫生部核准进口的新加坡虎标万金油上海地区总经销商。1995年，又与广药集团

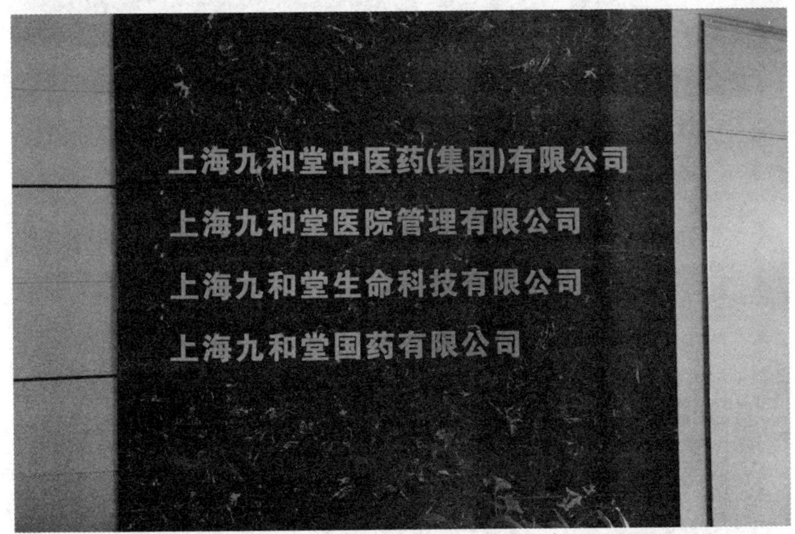

① 李汉怡：《九和堂广药店》，中国人民政治协商会议上海市静安区委员会文史资料工作组编：《上海市静安区文史资料选辑》，1985年版，第179—180页。

② 怀明、东一：《上海求医指南》，上海三联书店1994年版，第434—435页。

旗下的广州中药一厂、潘高寿药业、陈李济药厂、奇星药厂、王老吉药业、敬修堂药业等六家企业共同投资成立了上海中药行业第一家股份公司——上海九和堂国药有限公司，成为“广药”在上海市场的独特窗口，并在2003年取得了上海市食品药品监督管理局的GSP证书。2006年上海九和堂国药有限公司进一步改制为民营和国有（广药集团）混合制股份有限公司，经营方式为药品批发，药品经营范围涵盖中成药、化学药制剂、化学原料药、抗生素、生物制剂、参茸、保健品等，经营品种几千余个，年销售额过亿。

80多年岁月斗转星移，九和堂采取医养服务、供应链体系、养生保健品、电子商务“四位一体”的推进方式，互为促进，互为补充，以有品质、有疗效的医疗服务为先锋，塑造口碑及用户的信

任度，倍加珍惜企业品牌，践行先哲古训，为传承灿烂的中华医药文化，提高国人健康而竭尽全力。① 自 1988 年以来，连续 7 届被评为区文明单位，荣获上海市商业系统先进单位、文明单位、上海市物价计量信得过单位、上海市工商局重合同、守信用企业等殊荣。在 2004 年 12 月取得药品经营许可证，2003 年底通过了上海市食品药品监督管理局的现场 GSP 认证。2006 年 1 月再次通过了上海市食品药品监督管理局的现场 GSP 认证。于 2006 年至 2011 年连续三届蝉联“上海名牌”服务企业，并于 2011 年荣获国家商务部颁发的“中华老字号”殊荣。②

（徐　涛）

① 九和堂主页，公司简介 http：//jiuhetang.org/about。

② 九和堂主页，品牌文化 http：//jiuhetang.org/brand。

雷允上药业有限公司

雷允上药店始建于苏州，却发迹于上海，迄今已经有近300年的历史，是名副其实的百年老字号。

常言道“上有天堂，下有苏杭”，吴地人杰地灵，人文荟萃，吴门名医雷大升，字允上，号南山，祖籍江西丰城，后移居苏州，于清雍正十二年（1734年）以自己之名在苏创办“雷允上诵芬堂老药铺”，因医术高明蜚声杏林，是为雷允上药店的前身。①

清咸丰十年（1860年），因太平天国行经北上，药店无法正常

① 尚耀：《老字号“雷允上”今昔》，《中国药业》2006年第5期。

经营，雷氏一族相继带着较为珍贵的药品来到上海谋生，其中就有雷子纯、雷骏声，一年后在法租界兴盛街京江路口开设药店“雷允上诵芬堂申号”，1934年设“北号”于河南北路天后宫桥，1937年增设北号支店（后改称西号）于上海静安寺路（今南京西路），后将三家统一管理。

雷氏一族秉承祖业，不断为“雷允上诵芬堂”这块金字招牌争光添彩，在晚清末年，长三角地区发生流行性瘟疫，药品需求量巨大，雷允上所生产的成药均为适销对路的夏令药品，为此名利双收，发展迅速，在全国同行中与北京同仁堂齐名，有“北同南雷”之说。① 蒋介石曾为雷允上题词“美比韩康”，张学良题词“利济疮痍”，林森题词“神农遗泽”，美誉拥戴无数。雷允上精制各种要药，如人参再造丸、诸葛行军散、痧药蟾酥丸、全黑驴皮胶、十全大补丸等，而在《申报》数据库中输入“雷允上”，会出现几十页相似的内容，即对假冒六神丸的声明，六神丸作为雷允上独家秘药，因治疗效果奇佳，仿造者层出不穷。1926年，雷允上发布启事称发现大量六神丸仿单，希望可以彻查，而此团伙直到一年之后方才被破获，而这只是其中的一起。②

随着雷允上品牌知名度和美誉度不断上升，李逵碰到李鬼的现象明显增多。雷允上特别注意自身品牌的维护，对于假冒伪劣、恶意模仿的“李鬼”坚决利用法律武器打假维权，维护了良好声誉。如20世纪20年代，有日本制药商矢渡平兵卫竟然截取“雷允”二字与“雷允号”三字在商标局注册，作为商标，希图冒牌售药，以获取暴利。雷允上铺主依法向商标局请求评定。商标局一审判决雷

① 晓成：《国药瑰宝“雷允上”》，《中华商标》2000年第4期。

② 参见《申报》1926年7月19日，1927年7月29日。

允上获胜，其理由是：雷允上诵芬堂药铺，历数百年，载在志乘，著名已久，世所共知，实为不可争之事实。其雷允上字样，以开创人之姓名，用为该药铺之商号，虽非以此为商标，然据称于其所制丸散膏丹，无不加盖雷允上制或雷允上发兑戳记，是又具有商标法上所定标章之价值。今被请求人之系争商标所用雷允及雷允号字样，对于请求人所使用之雷允上字样，无论其为姓名为商号、为标章俱有影射之嫌，且用于同一商品，尤有欺罔公众之虞，违背《商标法》第二条第三款之规定。①

雷允上所产药品中以六神丸最为知名。1864 年，雷允上诵芬堂开发出用于外症和咽喉炎症的新药——六神丸（“九芝图”牌六神丸），推出后即开始风靡，1879 年获利达 2000 两白银，至 1911 年，年利润已增至 5 万两白银以上。1915 年，六神丸获江苏地方物品展览会奖章。1916 年，获北洋政府农商部物产品评会奖章。1929 年，获南京国民政府工商部国货陈列馆奖状及杭州西湖博览会大奖。1931 年，又获实业部奖状。据有关中医药史料介绍：“六神丸”药名含有两层意思，一是其药成分共有六味，如麝香、蟾蜍、珍珠、牛黄、冰片和明雄黄等中药材；二是服用六神丸之后，人体六腑心、肺、肝、肾、脾和胆皆安，可镇痛消炎、清凉解毒，对咽喉肿痛、无名肿毒和痈疡疔疮等毒症具有奇效。② 民国初雷允上制药就闻名国内，天津曾闹过灾疫霍乱，专门从上海雷允上定制各种暑药分发下去，病情便得到了抑制。③20 世纪 30 年代末 40 年

---

① 《商标局之雷允上评决书》，《申报》1926 年 1 月 27 日。

② 左旭初：《百年上海民族工业品牌》（上编），上海文化出版社 2013 年版，第 31—32 页。

③ 《来函照登》，《大公报》（天津版），1923 年 8 月 19 日。

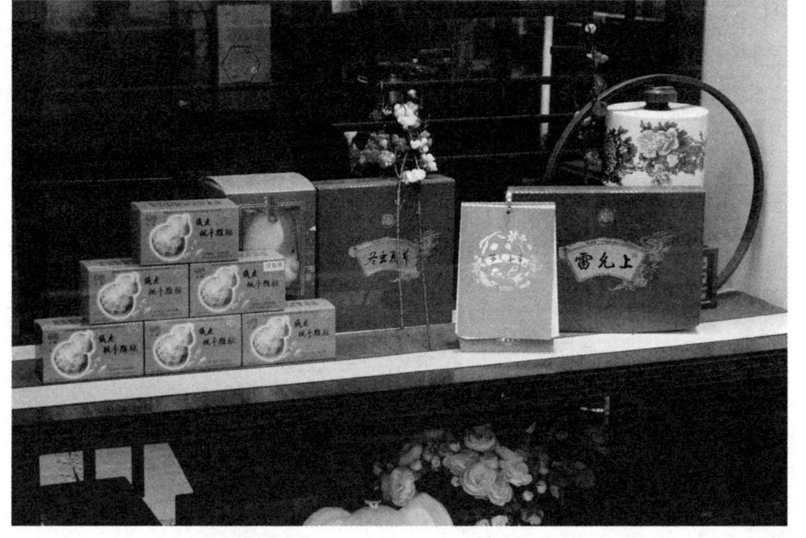

代初，中药营业额受到西药极大冲击，但即使如此“雷允上之六神丸，年销42万元以上”①。时人对于此药评价也颇高，“六神丸是一种国药……不要就是著名国内，却也是著名于全世界的……只有吞服雷允上的六神丸，无不药到病除”②，该传统制剂方法被列入第一批国家级非物质文化遗产项目，雷氏家族世代相传，一般采用单传方式，工艺处方绝对保密，新中国成立后将秘方献于国家，师徒代代相承。

1941年12月，日军侵占上海外国租界后，由于沪上交通阻塞，制作六神丸的原料来源锐减，该药号日常经营受到影响，日趋衰落，驻沪日本领事则千方百计想得到六神丸的配方，威逼利诱，但雷氏不论对方提出怎样的条件，都始终保持着气节，维护了祖传

① 陈存仁：《上海之国药业》，《申报》1939年3月20日。

② 《雷允上六神丸秘密》，《新上海》1946年第49期。

的秘方。抗战胜利后，国内中药业一片萧条，雷允上也只能艰难维持。

上海解放后，雷允上再度如沐春风，迅速发展。没想到又遇到“李鬼”问题。1952年8月19日，香港《宪报》刊登雷善觉“盆景商标”，其图案与雷允上九芝图商标相同，于8月5日在香港商标局申请登记，称如6个月内无异议即生效。雷允上获此消息，立即委托客户唐拾义药厂先行代为刊登重要申明，并对所谓的“香港雷允上诵芬堂有限公司”提起诉讼。经过两年多的司法交涉，被告雷善觉只得将“盆景商标”注册手续取消。①

1952年，雷允上三家分号六神丸的生产量更是达到历史最高。1956年，国家卫生部将六神丸列入国家保密品种。1955年1月，中国医药公司上海市公司（现在的上海市药材有限公司）成立，基本上取代了私营药材行的批发业务。1956年1月，上海市人民委员会批准对中药全行业实行公私合营，而后各区、县按行政区划陆续建立药材公司，上海中药事业发展翻开了新的篇章。为改变上海中药制造“前店后场”的传统格局，适应中成药需求大增的形势，1958年，由市药材公司将胡庆余、雷允上、童涵春、蔡同德四大药房的成药工场合并，建立上海中药联合制药厂（现在的上海雷允上药业有限公司一分厂），归国营上海市药材公司管辖，开创了上海制药工业的先河。1959年30余家药店的中成药生产工场合并成立上海黄浦中药联合制药厂（现在的上海雷允上药业有限公司三分厂），1965年在原上海中药切制厂基础上建立上海中药制药二厂（现在的上海雷允上药业有限公司二分厂），上海中药产业日益发展

① 晓成：《国药瑰宝“雷允上”》，《中华商标》2000年第4期，第46页。

壮大。①

“文革”期间，原称称南号、北号、西号三家雷允上药店曾几度更换店名，数次迁移店址。直到20世纪70年代后期，各行业的著名百年老字号陆续恢复原有名牌特色，曾经几度改名的雷诵芬堂药店也相继恢复原来的店名，统一称为“雷允上药店”至今。1991年，上海雷允上制药厂成立，并设计出“雷氏”商标，于1993年注册使用，获得荣誉无数，连续2次荣获上海市著名商标称号、被评为最具价值的上海老商标、产品连续10年被评为上海市名牌产品、被中国企业品牌推进委员会评为“中国著名品牌”等，公司亦为中华老字号企业、上海市知识产权示范企业、上海市高新技术企业。

与诸多逐渐萧条的老品牌不同，雷允上是当之无愧的百年老字号欣然回春，让300年的神话继续延续。如今的上海雷允上药业公司，作为中国最大的药材种植商和经营商，把药材的品质保证作为企业的品质源头，在药材领域推进GAP，成为全国药材规范组织的龙头企业，坐拥通过中国实验室国家认可委员会评审认可的现代化的药材技术检测中心；推进现代化的制造体系，把西医西药的GMP理念引入中药生产，形成完全规范标准的中药生产体系。②这些生产基地具有制造微丸、片剂、胶食剂等20多个剂型，500多个品种，超40亿元的生产能力，有着严密的质资管理网络和质量监控体系，在药品流通上，各项药品的记录均可被跟踪。通过构建“绿色安全、名医名药、服务健康”的品牌理念，公司的经营

① 谢萍：《上海雷允上药业：头顶传统帽脚踏现代路》，《医药导报》2004年10月19日。

② 尚耀：《老字号“雷允上”今昔》，《中国药业》2006年第5期。

模式发生了根本的变化，从单纯的产品营销走向品牌营销，使企业“现代制造、雷氏中药”的形象为社会所接受，为做大做强上海中药奠定了良好的基础。①“雷氏”还密切与社会各大科研院所保持着联系与交流，与清华大学、复旦大学、中科院药物研究所等共同开展以项目为纽带的科研合作，力求以高新技术成果推动上海中药产业的发展。不仅如此，雷允上紧跟社会科技脚步，引进信息化工程管理，大大改变了管理模式与效率。

作为拥有300年悠久历史的中华老字号，雷允上拥有着绝大多数品牌所不具有的核心竞争力，以及扎根于群众心底的信任。如今国家政府很重视“老品牌”企业的生存与发展，雷允上以全新开放的姿态已然回春，能否再利用自己的特色与最根本的精良产品，焕发第二第三春，尚需做更深思考。

（徐　涛）

① 聂清凯、陈保华：《绿色安全·名医名药·服务健康——雷允上中药民族品牌的重塑与管理》，《上海企业》2008年第9期。

群力草药店

在我国中医草药史上，集买药与问病处方于一体经营的，唯“群力”一家，隶属于上海蔡同德药业有限公司，这个中华老字号名特商店，享有“沪上草药第一家”的美誉。群力草药店与上海中西药业几大巨头的历史一样厚重，但经营风格迥然不同，就像它最初的名字——明济堂，那样明亮、纯粹简单，兢兢业业地秉承刻苦学医、悬壶济世的中华医德。

1924年，草药郎中马恒永夫妻俩省吃俭用，在上海陈家浜（今成都路791弄4号）租了一间房子，开起了草药铺子，取名“明济堂”，意在表明为平民百姓治病的宗旨，坚持问病卖药，只收少许成本费。“明济堂”店中无伙计，是个典型的“夫妻店”，店内所用近百种草药都是马恒永奔波于山东、天津、汉口、镇江、苏州等地采集得来。他根据民间土方配制的丸散及药酒，对治疗小儿百日咳、臌胀病、关节炎等有显著的疗效，一扇小门里进进出出的人越来越多，大众都乐意上门求医买药。据说当年上门求医的人中，码头工人，人力车夫居多，马恒永就针对此市场，用童子益母草、脱力草、针线包草加红枣配成“脱力方”，可显著治疗乏力症，这些依靠体力生计的人群纷纷慕名前往，名噪一时。①

但小小药铺没有营销、大版面的广告、大规模的店面，要在日

① 黄铭兴：《上海名店经营诀窍》，江西科学技术出版社1989年版，第62—63页。

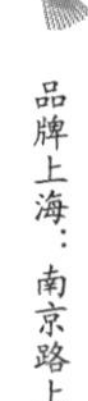

趋繁荣的大上海滩谋得一席之地谈何容易，时至1948年时已经濒临倒闭。新中国成立后，党和政府十分重视中草药的防治疾病工作，马恒永的明济堂绝处逢生，业务又蒸蒸日上，经营的草药增至200余品种，其中尤以独家经营“老虎脚爪”草药治疗肝炎疾病闻名。

1960年马恒永病故，“明济堂”划归黄浦区药材公司，马氏家属将马恒永生前收藏的《草药标本集》和《验方集》献给国家。1967年，明济堂迁址福建中路广东路口，扩大店铺面积至130平方米，除特色新鲜品种外，药源基本上由上海市药材公司采购供应，主要以治疗肿瘤为主，兼治肝病、胃病、关节炎等其他慢性病。盖因医药资源有限，意在“群策群力”发挥中草药验方治病特色，正式改名为“群力草药店”。1969年，商店将历年来出售的草药品种、规格、来源、用途以及验方、秘方整理成《草药处方汇编》，印发3000余册传于后人，并提倡“一枚针”(针炙)、“一把

草”（草药）为疑难杂症和久病不愈的患者服务，1970 年经《解放日报》头版报道后在社会上引起轰动，商店为满足全国各地患者需求，开设了邮购业务。同年 5 月迁至广东路 433 号，毗邻南京路，四层大楼面积达 1000 余平方米，群力草药店从此翻开了新的一页。①

1971 年，群力草药店在“全国中草药新医疗法展览会”上亮相，受到周恩来总理关注。1972 年，参加全国首次肿瘤协作会议，得到上海市卫生局重视。1973 年起，对外开放，先后接待外宾 100 多批，共 2000 余人次。② 群力草药店的闻名，与其时刻为病人排忧解难，博学多识脚踏实地的优良传统分不开，有着诸如“活字典”“活地图”之类轰动全市的典型案例。1977 年 12 月 11 日，人称“草药活字典”的老药工邵光煜，接到北京长途电话局转来河北省张家口市的长途电话，称当地有 72 人因误食一种名为“苍耳子”的草引发急性中毒，生命垂危，且患者多为儿童。当地虽从江西兴国弄到了一张“万能解毒方”，但不知其中一味“小活血”为何物。为此北京长途电话局已经打过 170 多个长途电话去咨询各地各大医药公司，却均答不知。后经上海中医药大学推荐，才把电话转到了“群力”，结果邵光煜随口答出“小活血”就是“茜草”，并随即支持 7.5 公斤的茜草空运至张家口，72 条人命全部获救。③

群力草药店品牌的核心价值在对中草药技术真髓的传承和革新。

店里中药师的业务水平之高可谓罕有，在识别中草药、掌握

①② 张文勇、童瑶、俞宝英主编：《上海中医药文化史》，上海科学技术出版社 2014 年版，第 173 页。

③ 《上海百家名店》，（香港）《经济导报》社 1990 年版，第 100—101 页。

各种中草药的药名及其主要生长处等方面了如指掌，十分值得称颂。单以“群力”经营的100多种中草药而论，由于各地习惯称呼不同，同是一种草药，就有几个名称。如“石见穿”又名“紫参”、“半枝莲”；“脱力草”又名“仙鹤草”、“龙芽草”；“移伤子”又名“茅膏菜”、“一粒珍珠丹”，等等。更为难得的是，他们不仅通晓众多草药的名称、别名、形态、用途、产地，且在处方和配药时都能应用自如，这是令单纯处方或单纯配药的部门和商店所望尘莫及的。“群力”的老药工都是背麻袋采草药出身，什么草药，生长在什么地方，他们胸中有一本“账”，只要病人急需，不论严寒酷暑，黑夜白天，爬山越岭，路途远近，总是有求必应，尽力办到。一次，部队一位首长患“尿血症”，需用“红花九龙草”，可该店从未经营过这种药。老药工瞧着这位买药战士焦急的神情，安慰道：“别急，佘山上有这味药。”于是，老药工立即起程，冒着酷暑，爬上山坡，一棵棵地采挖到250克草药。半月后，那战士上门谢道：“药未吃完，首长的病已痊愈，特来致谢。”还有一次，华东医院抢救一位断指病人，急需一种三叶泡草药治疗。三叶泡草生长在佘山北坡上，人称“活地图”的老药工韩干济深夜12点接到电话，立即带着手电，摸黑驱车佘山，等到采了草药归来时，东方已泛出鱼肚白。①90多年来“群力”用中草药医治各种肿瘤病、肝病、肾炎、心血管病等疑难杂症，经过几代人的传承和创新形成了许多临床验方。借助现代科技，分析药物化学成分和药理作用，先后发掘了叶下珠、喜树果、七叶胆、冬凌草、通光散、肿节风等几十种草药的新功效，并引入临床取得了较好的效果，形成了群力草药店和

① 上海市商务委员会编：《商务诚信故事集》，上海交通大学出版社2013年版，第3—4页。

门诊部独有的用药特色，编辑出版了《中草药鉴别和临床应用经验》《特色草药和验方精选》等医药专著，受到业界的高度评价。

不仅如此，从20世纪70年代初至今，群力草药店共进行了3次剂（片）型改革：1970—1972年，试制出糖浆、片剂、外用药、针剂等23个品种；1994年与江阴天江制药有限公司合作，推出了“中药饮片免煎精制颗粒”；1997年迁至金陵东路396号，独家首创了“中草药配方组合化”超市式配方法，彻底改变了中药行业沿袭了几百年的“手抓戥称”配方模式，进一步突破了企业发展“瓶颈”，并获得1998年上海市标准化科技成果二等奖。1999年12月，“上海黄浦区民办群力中医门诊部”挂牌成立。2001年1月进入上海医疗保险结算试点，成为医疗保险定点医疗机构，5月起增加恶性肿瘤大病医保服务项目，享受门诊大病医保的患者人数迅速上升。为缓解医保额满受制的矛盾，商店坚持“以人为本”，通过调整医保与自费结构比例、扩大邮购服务等举措，最大限度满足患者要求。①

群力草药店目前经营面积2500平方米，经销中草药1000余种，中成药700余种。年门诊28万余人次，配方近800万剂，平均每日门诊量800多人次，日均配方2万剂左右，邮购服务近2万人次，中草药日使用量6.5吨，居全市同业之首，中药饮片年收入约1.5亿元，被称为“沪上草药第一家”。“群力”商标荣获“上海市著名商标”“最具潜力的上海老商标”和“上海市优秀服务商标”等称号。

（徐　涛）

① 张文勇、童瑶、俞宝英主编：《上海中医药文化史》，上海科学技术出版社2014年版，第173页。

上海市第一医药股份有限公司

上海第一医药股份有限公司是一家国内外知名的医药流通企业，以药品零售、批发为主业，涵盖各类健康产品，打造现代健康产业卓越品牌。旗下拥有上海市第一医药商店、上海汇丰医药药材有限责任公司、上海市第一医药商店连锁经营有限公司、上海第一医药股份有限公司批发部、上海第一医药深海药妆有限公司以及上海长城华美仪器化剂有限公司 6 个子分公司。公司以创新型经营理念、个性化经营模式、延展性经营范围彰显品牌特色。其中位于南京路步行街的上海市第一医药商店，有“世界药房 No.1”之美誉，1993 年被国内贸易部命名为第一批“中华老字号”。

上海第一医药在 1992 年 5 月 13 日设立股份有限公司，公司股票于 1994 年 2 月 24 日在上海证券交易所上市交易，并于 2002 年 9 月 9 日获上海市工商行政管理局的核准，名称正式变更为“上海第一医药股份有限公司”。与南京路上别的老字号相比，第一医药的历史乍一看似乎显得有些单薄，其实不然，它的前身是“中国医药公司上海分公司第一门市部”，于 1953 年成立并营业，地址在南京东路 627 号永安大楼，这是中华人民共和国成立后的第一家国营医药零售商店。1956 年 7 月 1 日，中国医药公司上海分公司第一门市部改名为“中国医药公司上海市公司第一商店”，简称“医药一店”，1959 年又改名为“上海市第一医药商店”。1978 年永安大楼为开设华侨商店，第一医药商店搬出南京东路 627 号，迁址至南

京东路616号，此时仍隶属于上海市药材公司。1992年国家实施南京路改造大工程，建立股份制，方才化身一变成为如今有着七层大楼的上海第一医药股份有限公司。

作为新中国成立的医药商店，从无到有，业务发展很快，到20世纪80年代，上海第一医药已经成为上海最大的一家综合性医药商店。1982年，营业额为1360万元，比开业初期的1954年增长1.5倍，经营的商品有西药、中成药、医疗器械、齿科器材、生理实验仪器和妇婴卫生用品等六个大类，共4500多种。1982年，与市内外40多家工厂和30多个省、市公司挂钩，直接采购商品。①

改革开放后，上海第一医药并没有停止快速发展的脚步。作为众多老品牌中成功改革转型的典型，不得不提到1996年6月出任

① 上海社会科学院《上海经济》编辑部编：《上海经济（1949—1982）》，上海人民出版社1983年版，第1104页。

第一医药商店总经理的邵松岐，他有着敢为人先比年轻人还有冲劲的性格，大刀阔斧带领公司跨越了最重要的新时期的改革之路，提出著名的“一二三四五”改革思路。一是以建立现代企业制度为中心；二是“两个变革”，即经营体制变革和分配机制变革，首次提出将公司改制成为一个母公司（即上海市第一医药商店有限公司）与三个分公司（即第一医药商店有限公司商厦、第一医药商店有限公司批发公司、第一医药有限公司连锁分公司）和四个子公司组成的经营格局。这样既便于母公司集中管理、控制药品经销网络，又便于分公司和子公司的独立经营；“三”就是三个泾渭分明的意识：竞争意识、法律法规意识和效率效益意识；“四”就是四项基础建设，即实施CIS战略，塑造企业新形象，改善人才结构、提高员工素质，经营者竞聘上岗；第五点是指五个增长点，即在原有销售规模上扩一块、利用品牌争一块、对外贸易得一块、运作资产在参股和控股中生一块、高新技术中抢一块。五个一小块，积累起来就是一整块拼图。①

“呵护人身，永葆第一”的上海第一医药的品牌理念，概括了改革以来公司发展的脚步与依然坚持的发展道路，从经营、管理、服务等各个方面不断推陈出新，第一批通过GSP认证，行业内第一家获ISO国际质量体系认证证书，第一批荣获“全国文明示范药店”，第一批通过“全国优良药房（GPP）评议”，上海医药零售行业内第一家“文明单位”等“第一”的殊荣。“葆”字所代表的活力永驻、积极创新、不断发展的精神，引领着第一医药在经营模式、营销手段等方面率先进行创新与突破，包括引进亚洲首台自动

① 张岩：《“我的名字叫做船”——记上海第一医药股份有限公司总经理邵松岐的故事》，《沪港经济》2005年第4期。

化药房系统，首家设立推广“电子药柜”等，依托科技研制开发中西药品，培育自己独特的中西药品牌。积极发展高科技的生物制品及相关产业，以国际化的视野和现代化的经营理念，为企业赢得发展的可持续动力。

公司现今拥有遍布上海的近100家经营网点，经营范围主要有中成药（含参茸银耳）、食品（包括保健食品）、百货（包括化妆品）、化学药制剂、抗生素、生化药品、生物制品、第二类精神药品（制剂）、蛋白同化制剂、肽类激素、医疗器械、乳制品（含婴幼儿配方乳粉）、电子商务（不得从事增值电信、金融业务）等。多年来，坚持物质文明、精神文明一起抓，通过开展军民共建、社区共建、校企共建和城乡共建，连续8届获得“上海市文明单位”称号，是国家第一批优良示范药店、药学服务全国用户满意单位，也是上海市首批通过国家商务部“三绿工程”示范项目评审的医药企业。公司有百联集团文明单位3家，徐汇区文明单位2家。先后

涌现陶依嘉、郁建强、徐孙烈等全国、上海市劳动模范，有多人获得上海市三八红旗手、上海市新长征突击手、上海市世博先进、上海市青年岗位能手以及百联集团先进个人、销售状元、管理能手等称号。为了迎合瞬息万变的市场需求，公司在天猫商城、一号店分别开设了网上旗舰店。

在未来的蓝图里，上海第一医药的路程依然漫漫，老品牌的效应并非长明灯，若停滞不前，那辉煌的改革历史也只能躺在书本里。要把握住医药市场瞬息万变的发展方向，进一步探索传统经营融合互联网技术的有效途径，通过建立云医院服务流程和操作规范去设立云医院试点服务站，以患者为本，挖掘与优化医药互动等服务资源，提供更多更优的创新服务，学习与继承前辈们“敢为天下先”的勇气、坚守为民服务的态度、稳扎稳打、勤恳务实，在保持自身经营特色的基础上再创未来。

（徐　涛）

三、美容美发业

新新美容城

新新美容城的前身名为“新新美发厅”，原系上海著名“四大百货公司”之一的新新公司所属的理发所，创办于1925年，是开设于南京路，沪上理发行业中知名度很高的“中华老字号”之一。①

剃发、剃面、梳辫作为一行古已有之，1911年辛亥革命后，颟顸的清朝政府统治被推翻，是我国理发业从传统走向近代的标志性事件。最一开始，新新理发所主要是为男宾服务，服务理发的内容也比较简单。此时受到五四运动的影响，人们思想意识和生活方式有了新的变化，女子普遍剪短发，上海的理发店纷纷增加女子剪发业务，使理发业从为男宾服务转向为男宾、女宾同时服务，以后发展为男、女、老、幼服务，新新公司自然也不例外。1929年，新新公司为了扩大业务，对理发所作了一次扩建装修，并特聘工艺美术家布置店堂，从而使店堂内富丽堂皇，环境舒适。同时还聘请了上海最高级的烫发技师为顾客服务，由此新新理发所在上海同业中堪称高档理发所。②

1939年，大老板李泽与其他投股者对新新理发所（在底楼）又

① 陈来源：《重塑“老字号”形象——上海新新美容城创建现代企业形象的探索》，《上海商业》1994年第6期。

② 孔令仁、李德征、苏位智、李岫：《中国老字号　捌　饮食服务卷》（下册），高等教育出版社1998年版，第551页。

作了一次扩建和装修，并更店名为“新新美发厅”。《申报》上对此刊登了大幅特写报道：“新新美发厅是新新公司继新都饭店之后的又一惊人贡献，它毅然牺牲了旅馆部大门口一角广大的地方，不惜利用设计家的脑汁，将建筑在二个月的短促时日里，赖乎优越而且雄厚的经济条件，把原有陈旧的新新理发厅重新改建变了焕然一新的光辉面目”。① 升级换代的新新美发厅有两层，大门设在贵州路，门口有一个房间每星期公开展览奥地利著名美容师的设计，用富丽辉煌的霓虹灯点缀，以供上海时髦小姐们参考研究。店堂内地板喷的是乳油色的漆，柔和的灯光从回光灯中再反射出来，以保护美容者的眼睛，让身心舒缓愉悦。地上全铺橡皮地毡，即使是有数十人一起说话，也可以迅速吸收声波，保持安静的氛围，十分适合女士们为赴宴前做好各类准备。二楼则是焕然一新的油翡翠色，大厅装有美国最新的晶体长灯泡电灯，光线交错，显得极为奢华富贵。新新美发厅从各地搜罗来绝对一流的理发技师，为保证手艺精湛熟练，严格要求理发师们开业前进行历时三周的特别训练，积极学习西方的先进技术。最让人觉得新奇的是，美发厅特地斥巨资从美国进口来最新发明的冷气暖风自动保险电机，自动保险绝对安全，成为上海第一家夏天配有冷气、冬天配有热风优质服务的理发店。此外，新新极其重视店面的卫生与消毒，专门雇两女做此工作，来店的顾客每人可登记领取自己的专用毛巾，进行编号消毒保存，新新美发厅每月提供给顾客的毛巾支出就至少有一万多元，服务可谓极其周到舒适。② 新新美发厅一举跻身于上海乃至远东第一流的美发厅行列。

20 世纪 40 年代，南京路上的新新美发厅成为沪上爱美人士热

①② 《新新美发厅先睹记》，《申报》1940 年 10 月 29 日。

议的焦点，生意异常兴隆。于是，老板李泽适时扩展业务，再一次扩大经营面积，迁移至三楼旅馆部，营业面积约 150 平方米，分为前、后两部分，前半部分为男宾部，后半部分为女宾部。美发厅的前面是咖啡室，可供顾客品尝。①

除去硬件设施的优秀先进、良好的服务态度，理发的技术与发型创新才是美发厅得以立足的根本，新新设计的女子“横 S”式、“麻花”式、“油条”式、“云块”式、“麦浪”式，男子的“飞机”式、“自然”式、“三七”式、“波级”式等都在上海声名鹊起，引领着时尚风潮。其中有一位杨春泉技师，十分擅长盘发束发，在一次中外理发师技艺交流会上，被一个外国人指明要求当场做出一张古代仕女画中的杨贵妃双环式发髻，杨竟随即打理出雍容华贵的双环式高发髻，博得满堂喝彩。② 近代上海的大型美发厅注定要与电影业、艺术界打交道，很多影星都是高档美发厅的老主顾，美发厅也非常乐意通过女星来招揽自家生意。1934 年艺华公司要拍电影《逃亡》，此时公司的老板是上海滩大亨黄金荣，片中的女演员需要烫发或剪发，而艺华公司尚缺乏专门的设备与技师，黄金荣一个电话打给南京路新新美发厅的老板胡汉民，希望得到他支持。胡欣然答应，于是黄金荣带着袁美云、黎明晖、陈娟娟、叶娟娟、袁丛美等一众明星来到新新美发厅，旋即引起极多群众围观，人声鼎沸，新新美发厅成为“眼球经济”的最大受益者。还有诸如胡蝶、阮玲玉、王人美、谈瑛、黎莉莉、陈燕燕、徐来等当红影星，她们烫发理发大多集中在新新、南京、华安等知名字号。1935 年，胡蝶与潘

① 孔令仁、李德征、苏位智、李岫：《中国老字号 捌 饮食服务卷》（下册），高等教育出版社 1998 年版，第 552 页。

② 《上海百家名店》，（香港）《经济导报》社 1990 年版，第 48 页。

有声举行婚礼，特到新新美发厅梳理了一个非常漂亮的“云彩髻”，头发卷曲叠叠，高贵大气，娇美动人，再次吸引了一大批观众的眼球，影星与美发厅直接互利互惠，各取所需。①

新新美发厅在新中国成立后不断扩建，业务也不断推陈出新。1959年，在党和人民政府的关怀下，在市府领导人曹荻秋、石英等同志的关心下，新新美发厅迁至现今地址。经过半年多时间的装修扩充，于国庆10周年前夕对外营业，从而恢复和发扬了名店特色，满足了人民的需要。恢复后的新新美发厅总面积为600平方米，其中400平方米对外营业，有60多名工作人员，其中36名理发师经过选拔而来，都具有丰富的业务经验和高超的技艺。该店不少理发师在历届的市、区理发大赛上曾多次夺得过好名次。新新美发厅也因技术力量雄厚，名特技师云集，成为上海规模最大、等级最高的一家美发厅。②

改革开放初期，随着民众对美的追求日益增长，新新美发厅又迎来一次发展高峰。在多次全国同行业质量评比赛中，该店多名理发师荣获大奖。《新民晚报》、上海电视台、中央新闻电影制片厂等，都对“新新”作了专题宣传报道。许多著名电影明星和青年歌唱家慕名而来，如青年演员蒋莉莉、歌唱家苏小明、关牧村、成方圆、李谷一等，曾多次到新新美发厅美容烫发，并对新新美发厅的高超技术深表敬佩。③

---

① 由国庆：《民国广告与民国名人》，山东画报出版社2014年版，第210—211页。

② 孔令仁、李德征、苏位智、李岫：《中国老字号　捌　饮食服务卷》（下册），高等教育出版社1998年版，第552页。

③ 张庶平、张之君：《中华老字号》（第1册），中国轻工业出版社1993年版，第247页。

新新美发厅的烫发业务和美容化妆业务特别兴旺，大有踏破门槛之势。当时有这样几句顺口溜来形容此兴旺景象的："晚来十分钟，多排四小时，晚来半小时，多排八小时，超过一小时，别想再烫发。"如果到了过年过节，店里更是被美发者围得水泄不通，排队等候的队伍从南京东路一直转弯至福建中路天津路口。①领导层此时决定再次扩大营业面积，使对外服务面积扩大到600平方米，其规模居上海之首。装修后的店堂内部别致漂亮，有仿古建筑的大小门窗，如扇形、圆形、花瓶形等；门窗框四周都雕刻着精美图案，墙壁四周全部采用玻璃杆子镶嵌，一盏玻璃流星七角灯悬挂楼梯中央上方；各个楼面都放有鲜花、盆景，给人一种赏心悦目的美感。1981年4月，新新美发厅对设备、用具进行了一次重大更换，引进日本宝贝蒙公司先进的男子全自动按摩座椅、女子新式浪渠座椅、电脑自动控制烘发机以及德国威娜五档变速吹风机等。同时，对技术人员也作了大量充实、调换，擅长梳理各类不同发型的理发高手又一次云集新新美发厅，他们如八仙过海，各显神通。服务质量不断提高，生意兴隆，门庭若市，营业额直线上升。1989年12月26日，新新美发厅停业改建，1991年9月24日竣工复业。新建成的"新新美发厅"更名为"新新美容城"，共6层楼900平方米，全部引进世界上最先进的美发美容设备和用具，是当时中国最大、最先进的一座多功能超级美发美容厅。②1993年，新新美容城营业额672.03万元，年利润145.13万元。1995年，6楼开出男子

① 孙孟英：《全国美发冠军的传奇人生》，东方出版中心2013年版，第11—12页。

② 孔令仁、李德征、苏位智、李岫：《中国老字号 捌 饮食服务卷》（下册），高等教育出版社1998年版，第553页。

桑拿部，当年营业额达 871.11 万元，年利润 46.68 万元。1996 年，3 楼经调整形成美容专题和引进电脑减肥等。1997—2000 年先后推出电棒烫、锡纸烫、粟米烫、负离子直板烫、美国多功能烫发模具等；美容类有美甲系列、种睫毛、纹眉和眼线、漂绣红唇、激光洗眉、祛除纹身、面部漂白等，引进增白保湿、祛斑祛皱、健肢祛痘的特效美容产品；沐浴类有增压舱增肥、全身护理、中药护足、中医全息疗法等。1993 年起，新新输出品牌开设分店，并开设专业培训学校。①

2005 年，新新美容城与上海市第九人民医院合作，在 4、5 楼开设美容门诊部，为消费者提供专业的美容外科、牙科、皮肤科、中医科及各类美容整形项目。而今新新美发厅欣欣向荣，不断增强美容美发质量、不断推出新潮发型、不断完善服务项目、不断提升服务水平，继续受到广大顾客的好评与青睐。②

（徐　涛）

① 黄浦区地方志办公室编：《黄浦区续志（1993 年至 2000 年 6 月）》，上海社会科学院出版社 2003 年版，第 203 页。

② 沈祖炜主编：《黄浦年鉴 2005》，汉语大词典出版社 2005 年版，第 86 页。

华安美丽馆

“华安”是一家集美容、美发、美体、整形、形象设计、化妆品等于一体的全国著名大型综合性企业。

1921年，在静安寺路（今南京西路）104号上金门大酒店西侧创立，由荷兰人设计修建，原名丽美理发所（Record Beauty Parlours），是当时华安饭店配套设施，成为上海最大、最高级的西式理发店。①1932年，被波兰商人乔夫德克租赁经营，专做高贵女士发型。②1939年，又被著名中医教授沈杏苑独资买下，并更名为“华安云记美丽馆”，曾被誉为“远东地区最豪华的贵宾理发场所”，登报广告声称是全上海“最高尚理发馆，最优等技术师”。③

20世纪三四十年代，凡涉及华安美发、华安云记美丽馆，时人描述最精准不过“最优等”与“最高尚”二词。“最优等”是因华安美发“为海上妇女界惟一最高尚之整容理发室……内部布置之精雅、设备之周全、用品之讲究以及理发师技术之精娴，得未曾有”；而“最高尚”则是因为这里最适合“海上中外名媛贵妇”消费④，极尽豪华奢侈，虽然不似新新美发有着众多的明星老主顾，也是洋人与富人最爱享受的场所之一。为了扩大业务，吸引除明星

① 汪之成：《上海俄侨史》，三联书店1993年版，第719—720页。
② 张云飞：《头发去哪“理”》，上海锦绣文章出版社2015年版，第90页。
③ 《云记华安美丽馆今日开幕》，《申报》1939年8月31日。
④ 《华安美丽馆特开男子理发室》，《申报》1934年10月1日。

有钱人之外普通民众的光顾，开设男子理发室，价格相对而言较为公道，新开业期间在价格上还有折扣，提供电烫、火烫、水烫、手术卷、修指甲、修面、治脱发、去头屑等项目。1939 年 8 月 31 日华安云记美丽馆正式开业，“全部之装饰由装修名家影联工程服务社设计，完全采取巴黎最新之三十度斜镜式，全日光线柔和无触目之弊；器械与用品选办法国最新式器械及用品，凡一切机械器物一经使用立即消毒以重卫生；美容理发师悉由专家担任，技师手法精良，动作安静敏捷，诚海上最优等技术师；本馆男女服务员均经长期训练，温和谦恭，招待十分周到”。①

华安云记美丽馆的核心业务是烫发服务。烫发大约在 20 世纪 20 年代问世，据传是由一名法国理发师首创，第一次试验烫发由于设备条件等原因，把直发烫成卷发，足足花了两天时间，而且只是“满头卷”，俗称“狮子头”，根本没有任何花式可言。烫发技术在 1926 年以后传至上海，当时的理发店大多是中、小型规模，设备简陋，全靠手轧刀、剪刀等工具操作，没有近代的烫发工具，唯有最热闹的南京西路上的华安美丽馆规模较大，有近代设备——烫发机。然而物以稀为贵，当时烫发收费十分昂贵，烫一次发大约要银圆七八十元，平常百姓消费不起。②

上海解放后，该店改名为“华安美发厅”。1956 年企业公私合营后，华安美发厅继续发扬原有经营特色，仍以环境优雅、设备完美、发式新颖，受到各界人士和华侨外宾的欢迎。当时，华安的名师王宝余、陈立华、高长宝等发挥了技术专长，他们精湛的技艺，

---

① 《云记华安美丽馆今日开幕》，《申报》1939 年 8 月 31 日。

② 张学明：《张学明理发技艺》，浙江科学技术出版社 1985 年版，第 16—17 页。

受到顾客的好评。①

到了“文化大革命”期间，全上海只有华安一家保留了烫发工艺，去华安烫头发是要凭外汇券或者是护照的。

改革开放后，爱美的人们蜂拥到华安烫发，成为南京路十里长街上一道亮丽的风景线。继 20 世纪 80 年代的花式烫发，90 年代初华安又率先推出彩色染发，1981 年，进口日本宝贝蒙公司男、女式理发椅和大吹风等新颖设备，服务质量又有进一步提高。随后的十年中，又不断地投入超过 1000 万的资金。1991 年，华安美发厅再次投资 380 万元，对店堂作全面装修，装修后的店堂以意大利大理石为基调，并缀有黑红两色与鲜花等，给人一种豪华优雅之感。同时全部引进日本宝贝蒙公司的世界一流设备，德国、意大利等世界最先进的工具用具。将全区美容、美发师中技术最好的选派到华安。是当时全国同行中设备最高档、环境最优雅、技术最高级、服务最好的超特级美容美发厅。② 1993 年，华安美发厅营业额达 530 多万元，各项经济指标名列全市之首。③ 2000 年，在全国饮食服务业评比中，华安被评出国家级美发大师 1 人、国家级美容大师 1 人、国家级美发名师 1 人，占了上海美容美发行业的半壁江山。2001 年，被中国贸易部评为“全国十佳美容院”。华安抓住历史的机遇，不断拓展新的创新服务项目，增加了纹眉等美容项目，2002 年在全国美容美发业中率先开设“整形外科门诊”和“齿科门诊”。2004 年，成为行业中第一家通过 ISO9001 质量体系

①③ 《上海饮食服务业志》编纂委员会编：《上海饮食服务业志》，上海社会科学院出版社 2006 年版，第 130 页。

② 上海市商务委员会编：《商务诚信在上海：上海市商务诚信建设试点工作实录》，上海交通大学出版社 2013 年版，第 131 页。

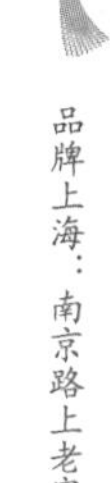

认证的企业，同年获得上海首届五星级美容美发企业最高荣誉，连续 8 届获市文明单位、市卫生信得过单位、全国十佳美发美容院等称号，是全国规范化活动中首批放心店。2005 年改制，更名为“上海华安美容美发有限公司”。2011 年，荣膺“中华老字号”称号。

华安之所以能在近一个世纪的时间中，始终保持着美容美发行业的龙头地位，在于她一直坚持着诚信经营，非常重视“老字号”品牌的维护，让诚信服务深植在华安职工的心灵中，在广大消费者面前树立良好的形象，坚持品牌的信誉与顾客的利益为先。2011 年，因美容美发行业中商家与顾客的矛盾纠纷愈发突出，上海美发美容行业协会与上海商务委制定了行业预售卡买卖合同，即凡是购买预付卡的顾客，商家必须和顾客签订一纸合同，明文规定买卖合约、使用有效期，由买卖双方签字。而华安美发厅始终坚持着主动为每一个客人都签订合同的规定，让顾客觉得百年老店不仅正规，而且亲切，大大提升了群众心理的信赖感。对于华安来说，签订行业买卖合同是日常的基本工作内容，有的顾客对华安十分信赖，觉得不需要再签买卖合同了，但华安的工作人员仍然会坚持与顾客订立合同。在产品方面，华安始终坚持以健康安全为首要标准，不断优化自己的采购渠道，欲采购的产品首先要考察其已经取得各项资质，再进行采购，绝对保障顾客美容美发的质量与身体的健康，不为一己私利谋取暴利，不因自己是老字号名牌就漫天要价，用规范合理的价格进行交易。华安还定期召开诚信专项座谈会，征集顾客对于华安诚信经营的意见建议，努力做到“确保商品质量、提升服务品质、坚持诚信经营、树立商业品牌”。①

此外，在全球化与国际化竞争中，“华安”积极主动地去探寻更多新的可能，勇于做行业的领头羊，以身作则，带动与激励行业共同发展。努力与国际接轨，与外国同行建立合作交流的平台，积极学习国际最新的美容美发技术，紧跟潮流，每两年举办一次的OMC（世界美发组织）美发大赛，激流勇进，创新观念、产品、管理方式、营销手段、更优服务，让老字号再续辉煌。

（徐　涛）

---

① 上海市商务委员会编：《商务诚信在上海：上海市商务诚信建设试点工作实录》，上海交通大学出版社2013年版，第132—133页。

南京美发公司①

20 世纪二三十年代，之前已初具商业规模的静安寺路（今南京西路）进入鼎盛时期，各类公寓大楼拔地而起，商业繁荣，同孚路口德义大楼下，1933 年 3 月挂起了“南京理发公司”的招牌。当时上海大街小巷理发铺遍布，而这些理发铺多以“芙蓉”“牡丹”之俗名，后冠之以“店”“厅”“院”“馆”等为店名，把理发店叫作公司的，南京理发公司算是头一个，就算比起同样身处南京路上的新新、华安等，规模要大得多，成为当时上海滩拥有着一流设备、一流名师、规模最大的特级理发店。

南京理发公司的老板林唤亭，广东人，是国民党大佬胡汉民的秘书。据记载，20 世纪 20 年代末，林唤亭经常到南京路的“一乐也”理发店理发，并指定 3 号理发师罗云龙为他理发，久而久之遂成为朋友。罗云龙因与老板关系不和，向林唤亭提出自开理发店的设想，而林唤亭恰好有一笔现款存在银行里，遂邀请曾在美国饭店当侍应生领班的民生书局秘书黄华培出面，筹备开店事务。时逢静安寺路、卡德路（今石门一路）的德义大楼建成使用，楼下店堂尚无人租用，遂被黄华培租下，创办南京理发公司。②

黄华培曾在美国旧金山一家大饭店做过侍应生领班，能讲

① 改制前为“南京理发公司”，后改为“南京美发公司”。

② 薛理勇主编：《上海掌故辞典》，上海辞书出版社 1999 年版，第 199—200 页。

一口流利的英语，对于经营近代企业颇有见地，因此在选择店址、筹划店堂规模、装修布置等方面，都使得南京理发公司洋溢着一种现代化的气派。① 不仅如此，黄华培还利用自身人脉，从上海招来最好的理发技师驻店，如从“一乐也”理发店邀请来当红的师傅号称“飞钳手”的刘瑞卿、修面大王黄海等。在黄华培的苦心经营下，南京理发公司很快引得许多政商界名流，如宋美龄、宋子文、林森、孙科、吴铁城、张发奎等人都是公司的座上宾。②

南京理发公司店内面积500多平方米，分为上下男女两部，并设贵宾室与美容部，装潢讲究，设备齐全，开设理发、电烫、水烫、钳子烫、按摩推拿、美容化妆、修指甲等项目，是上海第一家使用电轧刀的理发铺（1936年），此时价格由原来的6角大洋升为1银圆，③ 所以很多项目都不是普通百姓可以享受得起。

南京理发公司订立严格细致的店规，实行新的管理方法。规定：店堂内须永远保持窗明几净，四壁无尘，地无发屑；大小围布，须洁白无瑕；为避免交叉感染，须用卫生纸制作“掸帚”，掸一次即扔；为顾客洗头时不准用指甲给顾客抓头皮，而须用手指按摩头发；每个理发师备有两套工具，一盘进，一盘出，有专人为之拂刷并用酒精消毒；工作时间不准谈笑，不准吸烟，不准擅自离开岗位，不准在店堂内吐痰；见顾客进来要道声“早安”或“晚安”，顾客离去时要道声“再见”，如果是外宾须用英语招呼。如有违反

① 张庶平、张之君主编：《中华老字号》（第1册），中国轻工业出版社1993年版，第426页。

② 张云飞：《头发去哪“理”》，上海锦绣文章出版社2015年版，第90页。

③ 上海市政协文史资料委员会：《上海文史资料存稿汇编》（第11册），上海古籍出版社2001年版，第72页。

上述店规者，第一次谈话，第二次警告，第三次开除。①

凭借内外兼修，南京理发公司很快发展起来，在上海以外的其他城市，如天津等地也开设起了分店。1934 年 8 月 4 日的第 1123 期的《北洋画报》上，就用了整整一页介绍了天津即将开业的南京理发公司。

20 世纪 30 年代的上海正值商界扩展的机遇时期，商业繁荣，人口增加，新新、华安、唯一、百乐门等理发厅已大有名气。南京理发公司成立较晚，而历经 80 多年风雨依旧挺立，与其传承下来始终如一的服务态度密不可分。著名儿童文学翻译家任溶溶是南京美发的老顾客，他曾在书中回忆自己理发时师傅们和蔼热情的服务，一是半夜一是清晨，即使还没有营业，师傅也愿意专门为他开门理发，长年累月下来，"对它是有感情的"。② 老品牌多年积攒下的好口碑与好印象，在顾客心中的分量可见一斑。

上海解放后，南京理发公司继续保持和发扬原有经营特色。在技术方面拥有一批技术水平较高的名师，如刘瑞卿、张学明、戚荣炳、金万侅、黄海、罗锦辉等。当时上海的理发界中有所谓"四大名家"，南京理发一家公司占了两大名家，分别是"飞钳手"刘瑞卿和"理发博士"张学明。

刘瑞卿是在 1959 年成为新中国成立后第一个代表理发行业出访苏联等国的技师，同年被评为全国劳动模范，1963 年被朝鲜授予"千里马骑手"的称号，根据自己的工作技术与想法编文成

① 张庶平、张之君主编：《中华老字号》（第 1 册），中国轻工业出版社 1993 年版，第 426 页。

② 任溶溶：《浮生五记——任溶溶看到的世界》，上海译文出版社 2012 年版，第 272 页。

书，提供了多种富有创意的发型，培养出韩万福、袁美蓉等特级技师。① 理发业与电影、时尚联系密切，电影《庐山恋》中张瑜的短发造型，就是在这里剪的。“张瑜式”“三刀式”等若干经典发型，一度在上海的大街小巷里流传。刘瑞卿作为南京理发公司的明星技师，他的创意创新、善于观察和对美发事业的天赋，都代表了南京这个品牌的文化。他在理发时发现一位女宾喜在洗头发后倒上啤酒，便加以请教，还专门去了啤酒厂，发现啤酒中的成分可以增加头发的韧性和润度，于是他将拿啤酒做原料，配上自己的独特的工作手法，控制时间，在水烫或洗完头发之后喷洒啤酒，得到很多女性顾客的青睐。他还自己独创了一种铜（铁）丝布卷发器，铜丝是纱窗布剪下的，裁成长方形小块，卷成空心，再用布条将两边封死，连接处都用的纱线，这样配合发夹就可以很方便迅速地卷起大部分头发，且更容易固定，方便按照顾客要求做出不用程度的卷发效果，大幅度提高了工作的效率。刘瑞卿钻研更多“一发多梳”的电烫方法。长发可以梳为“竖卷式”、“葡萄式”，短发有“满头式”、“淡波浪式”，中发也有“元宝式”、“扇子式”、“香蕉式”等，② 满足顾客的不同需求，自然优雅，大方流行，富有创意。

新中国成立初期，由于人民生活水平有限，上海的理发业持续萧条，包括南京理发公司在内的多家理发店过于聚集在南京路、愚园路等，户数与理发店人数过分膨胀，出现资源过剩的情况。“文

① 《上海饮食服务业志》编纂委员会编：《上海饮食服务业志》，上海社会科学院出版社 2006 年版，第 131 页。

② 张庶平、张之君：《中华老字号》（第 1 册），中国轻工业出版社 1993 年版，第 427 页。

化大革命”期间上海的理发业遭受严重打击，1967—1977 年持续长达 11 年的亏损。①

1993 年转制后，以南京美发公司的新名重焕新生，有了极大发展，在沪拥有 3 家分店和一家培训中心，并与德国威娜建立长期合作关系，不论经营规模、设备技术、服务质量，还是老品牌独有的几代人的信任，始终保持着明显的优势。20 世纪 90 年代，国际工艺烫发在上海兴起，南京美发公司也适时推出工艺烫发服务项目，采用螺旋、三角、万能、浪板、直板等新颖烫发工具，塑造出人字形、波浪形、三角形、平板形、辫子形等新发式，给人以轻松奔放、流畅自然、轻盈秀美、宛若展翅的感觉。这些发型具有现代气派、活泼开朗、健朴稳重和文静端庄的风格，体现简、便、雅、

① 《上海饮食服务业志》编纂委员会编：《上海饮食服务业志》，上海社会科学院出版社 2006 年版，第 131 页。

淡的特点。①

作为上海四大超特级理发店、上海五星级企业之一，南京美发公司依旧以最优质的服务、延续下来的创新精神，在上海的美容美发行业中大放异彩。2014 年 4 月，上海南京美发公司以“上海资格最老、保留传统手艺最好的国营理发店”身份，被认证为首批“上海老字号”企业。②

（徐　涛）

① 马洪：《中国经济名都名乡名号》，中国发展出版社 1992 年版，第 1027 页。

② 《上海首评老字号“南京美发店”等入选》，《南方都市报》2014 年 4 月 18 日。

四、摄影业

王开摄影有限公司

上海王开摄影有限公司，是一家历经中国大众照相史百年沧桑的老店。1923年（一说为1920年），广东南海人王炽开在南京路开设了王开照相馆，从此拉开了“王开”百年历史的序幕。

上海是照相术最初传入的中国城市。自19世纪40年代以来，截至“王开”开张，照相术在此地已存在、发展了近八十年，取得了长足进步。照相馆林立，写真高手云集。此外，由于上海独特而重要的经济、社会及文化地位，照相与社会生活的契合度很高。在这种背景之下，“王开”的前途必然是充满挑战、不容乐观。

王炽开出身广东南海县，早年辗转于上海几家照相馆做学徒。这段经历，除了使他掌握了精湛的照相技术，还使他对顾客的需求谙熟于心，深通待客之道。“王开”初创，唯店面一间，员工数人而已。但是王炽开却志存高远，立誓为顾客、社会提供优质服务。

进入20世纪20年代后，上海城市中产阶级开始兴起，成为城市生活的中坚。王炽开敏锐地捕捉到了这一社会变化的脉搏，有意将中产阶级列为“王开”的主要顾客群体。自20年代起，看电影、周末利用铁路在周边地区旅行等，已成为年轻中产阶级成员时尚的休闲方式。王炽开巧妙地对此加以利用，以扩大影响。他出资在沪宁、沪杭铁路沿线树立了很多路牌广告，还在电影院放映幻灯片，以宣传王开，提高知名度，效果极佳。

自清末以来，社会纪实摄影成为利用照相记录、报道社会重大事件的方式，也是照相融入社会潮流的重要途径。“王开”开业不久，就遇到了两个难得的机会。其一为拍摄孙中山葬仪。1925年3月孙中山在北京病逝，随即由段祺瑞政府主持举行了隆重的葬仪。4月，中国国民党在上海成立葬事筹备处，筹划中山陵修建工作。对于这一举世瞩目的事件，王炽开立即意识到了它的重大意义。他派出摄影师前往北京，先对葬仪进行了全程拍摄，然后跟随葬事筹备处的要员奔赴南京，最后回到上海。王炽开将此行所摄之珍贵照片，一律加上“王开摄影”的落款，精心洗印多套，分送社会贤达与军政要员。“王开”由此名声大噪。其二为拍摄远东运动会。1927年8月28日至9月4日，第八届远东运动会在上海举行。此前，上海已代表中国于1915年、1921年分别举办了第二届、第五届远东运动会。但是，第八届远东运动会却是南京国民政府成立数月后举办的国际盛典，成败与否事关国民党新政权的威望，因此格外受到中外关注。如何为本次运动会拍好照片，也成为社会瞩目

的问题。为此，运动会主办方决定以招标方式招商承包拍摄各项赛事的精彩镜头。王炽开不惜重金，中标获得了运动会上所有比赛的摄影权。“王开”组成了技术最强的阵容，共派出了四个小组，奔忙于竞赛场内，拍摄了许多精彩画面。晚上赛事停歇，而“王开”员工则加班冲洗照片，及时地收费提供给上海各报社。“王开”要求各报社在刊登的每幅照片下方都要注明“上海王开照相馆摄”字样。远东运动会是这一阶段上海各报每天刊登的主要新闻，“上海王开照相馆摄”的赛事照片因而也每天与报纸读者见面。加之外埠报纸的转载，“王开”由此不仅闻名沪上，也积聚了国内知名度。

进入30年代之后，“王开”紧密捕捉上海社会生活风尚的变化，将业务融入市民生活之中，定位中、高端，在服务、技术上精益求精，形成了结婚照、肖像照等经典品种。“王开”为拍摄结婚照的新人准备了西式礼服、白色婚纱，布置了欧风浓郁的画面。精心拍摄、冲印加工，照片历经岁月沧桑而风采依然。肖像照同样声

誉卓著。数年前，“王开”珍藏数十年的一批民国明星原版照片重见天日，包括周璇、胡蝶、黎莉莉、阮玲玉、张织云、陈燕燕、陈云裳、黄柳霜等20世纪三四十年代上海当红明星悉数在内，千姿百态，尽显万种风情。除了影视明星，在“王开”留影的顾客中不乏社会名流，比如女画家关紫兰以及名媛郑苹如等。郑苹如在“王开”所拍的照片曾作为1937年7月号《良友》画报封面，时年十九岁。

1946年，“王开”自备发电机，成为上海首家安装冷气的照相馆，旨在使顾客于炎炎夏日中身心舒适。上海解放后，“王开”经历了公私合营、国营的历程，作为上海的特级照相馆之一，依然为市民群众提供了优质服务。身处新时代，“王开”褪去了高档色彩，变得质朴无华。改革开放后，社会涌动变化潮流，“王开”不失时机地走在了前列，于1979年在上海率先恢复了婚纱照拍摄。经历了“文化大革命”之后，新人们踏入“王开”，再次可以穿上西服、披上婚纱、手捧鲜花了。

随着数码化技术的高度发展，传统照相馆行业面临着巨大挑战，“王开”亦然。她虽身处惊涛骇浪之中，却依然顽强拼搏，绽放出绚丽的色彩。

（葛　涛）

五、旅店业

和平饭店

上海和平饭店一直是上海的地标性建筑物，在 20 世纪，那些乘坐轮船远航而来的人们，在看见和平饭店标志性的绿色屋顶时便知道他们的旅程结束了。集荣耀、传奇、奢华于一身的和平饭店坐落在上海的黄浦江畔南京东路 20 号。① 和平饭店不仅是上海近代建筑史上第一幢现代派的建筑，还曾经是上海精英阶层的豪华娱乐场所。这里承载了几代人的记忆，在如今若是重游这栋古老的建筑，还可以重温老上海辉煌时期的奢华美梦。

在上海南京东路路口我们可以看到两幢大楼，而这两幢大楼就是和平饭店的南楼和北楼，都被称为和平饭店。南楼建于 1906 年，饭店风格是仿照文艺复兴时期的均衡式公寓建筑，外表对称庄重，十分典雅，当时称为汇中饭店，现为上海斯沃琪和平饭店艺术中心。北楼建于 1929 年，原名华懋饭店，属于芝加哥学派哥特式建筑，由当时富甲一方的犹太人维克多·沙逊建造而成，现为费尔蒙和平饭店。② 作为上海外滩万国建筑群以及上海历史文化遗产的重要代表性建筑，和平饭店曾有“远东第一楼”之称，饭店落成之后主要接待各国的社会名流。当我们漫步在外滩时，在黄浦江畔那绿色尖顶的建筑便是和平饭店了，这个非常具有特色的设计看上去是

① 《和平饭店：传奇地标奢华典范》，《上海企业》2014 年第 9 期。

② 杨卫民、黄凯：《历史传奇与现代经典——从和平饭店远眺上海中心大厦》，《饭店现代化》2014 年第 8 期。

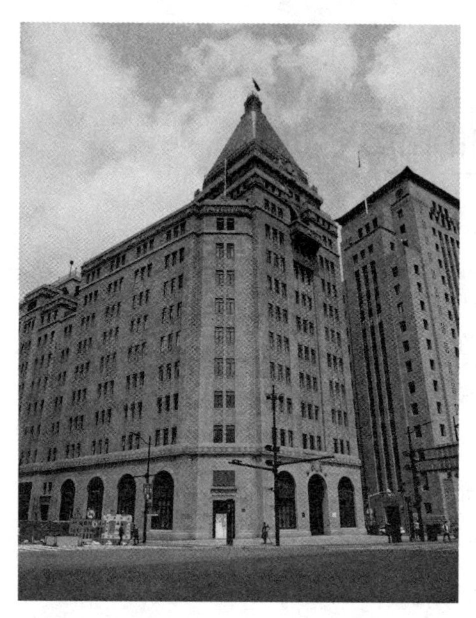

不是特别像古埃及金字塔呢？其实它就是采用古埃及金字塔和方尖碑为原型做现代建筑的装饰造型，这在当时的上海是一项首创。当时英国考古学家卡特1922年在埃及王陵谷挖掘到了古代法老图坦卡门的陵墓，以及随之出土了包括黄金面具在内的大批稀世珍宝，当时轰动了整个欧美。与此同时，带起了一股潮流，再次引起了人们对埃及建筑学的高度兴趣，因此金字塔、方尖碑等埃及元素自然而然也就影响了整个20年代建筑的风格，上海也不例外，因此和平饭店的尖顶是采用的古埃及风格建成的。①

想要进一步了解和平饭店的发展史还要从它的建造人维克多·沙逊说起。和平饭店的前身被称为华懋饭店，而这华懋饭店便是在沙逊大厦中。说起沙逊大厦就不得不说一说沙逊家族了。在鸦片战争之后，中国的国门被迫打开，英国的殖民主义者纷纷涌入中国。英籍犹太人大卫·沙逊也来到了中国，他于1845年在上海设立了老沙逊洋行。沙逊家族原本就财力雄厚，并且在印度孟买也有产业。在当时的中国上海，英国人都依仗着不平等条约所强行划定

① 詹祖杰：《从沙逊大厦到和平饭店》，《上海档案》1989年第4期。

的“租借”以极其低廉的价格就租到了地皮，并且有很多人都开起了洋行，以此在中国大量敛财，在这种状况下，沙逊看到中国这片辽阔土地的开发前景，自然不肯错过其中的商机，因此他决定要在上海也建立一个据点，开办洋行。他凭借着自己丰富的经商经验，到了上海后更是如鱼得水，不久就积累了大量的财富。后来，大卫·沙逊年老了之后将他在上海的事业交给了自己的儿子伊莱亚斯·沙逊打理。他的儿子在其父亲的基础上继续发展沙逊家族的产业，很快其发展情况大有超过经营了几十年的孟买总部之势。

维克多·沙逊是大卫·沙逊的孙子，维克多·沙逊原本是在英国皇家空军担任队长，他十分胆大，骨子里就有着一种冒险精神，因此在一次飞行训练中不幸伤到了腿。一条腿伤残，维克多自然也就不能留在空军中了。于是老沙逊就派他来到了中国上海，接伊莱亚斯的班。维克多·沙逊并不是一个无能之辈，相反他非常的有想法有胆量，这与沙逊家族的教育也是有关的。老沙逊家虽然有万贯家财，但是也不会白白地分给子孙。因此老沙逊让维克多·沙逊去中国并不是让他去享乐，而是磨炼他，让他自己去闯荡去寻找机会。所以在维克多·沙逊离开英国的时候身上所带的钱并不多，他与普通旅客一样，乘坐一艘东印度公司轮船的普通客舱，背井离乡地从英国穿越大西洋来到亚洲。维克多·沙逊并没有直接就来到中国，他首先去往了印度总部，他接受老沙逊的教导，尽快地收缩印度沙逊洋行的业务，将资金集中准备转移到中国上海去。在20世纪初，维克多·沙逊很快地结束了印度孟买的生意并且带着大量的资金来到了中国。他就像他祖父一样，开始贩卖鸦片和军火。①

① 谢夫：《从上海和平大厦谈起——看沙逊家族在上海的冒险》，《学术月刊》1959年第10期。

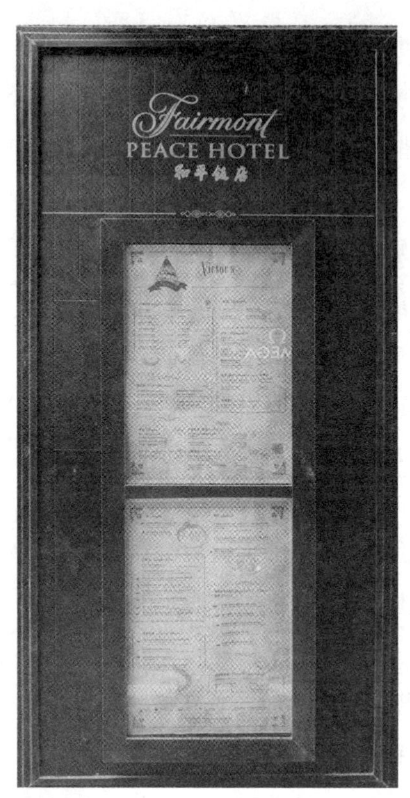

当时的中国各地都在军阀混战，军火的需求非常之高，就这样，沙逊靠着贩卖军火，大发战争财。维克多·沙逊的身价也随之猛涨，在20世纪20年代被称为“军火巨商”。然而，其实在当时做军火生意是具有很大的风险性的。维克多也明白军火和鸦片不能长久做下去，于是他将视线转移到了房地产行业上。沙逊抱着“趁现在地价还不值钱，别人还没有想到买地盖房，我何不抢先一步，把银子放到房地产上去？”的想法，在1928年选中了南京路外滩这个最好的地段建筑了一幢沙逊大厦，其下面开设的就是当时的“华懋饭店”，这是当时上海最豪华的大饭店。在这个饭店中设有九个国家不同风格的特级套房，华懋饭店建成之后，因为其富丽堂皇、磅礴大气的风格，得到一些达官贵族和豪绅富商的青睐，这些人纷纷前来租住，一时间华懋饭店成为上海滩最热门的旅居之处。① 在当时，美国的马歇尔将军、司徒雷登校长都来过这里。20世纪三四十年代，鲁迅、宋庆龄曾经在这里会见过外国友人卓别林、萧伯纳等。

① 陈春舫：《大冒险家维克多·沙逊》，《上海商业》2000年第7期。

那么，为何华懋饭店后来改名为和平饭店了呢？这其中是有一段历史原因的。在1956年春的时候，因为苏联太平洋舰队即将访问上海，而当时的涉外旅馆不足，因此上海市决定恢复华懋饭店的饭店业务。在准备期间，关于饭店的命名问题，由于当时将要召开世界和平大会，因此决定将华懋饭店改名为和平大饭店，重新开业。后来，经过当时的上海市副市长宋日昌提议，拿掉了“大”字，最终定名为和平饭店。①之后，和平饭店便成为了外国代表团及重要任务访华的接待场所。在1964年，周恩来总理在和平饭店举行外交会晤，之后美国的两任总统，罗纳德·里根和比尔·克林顿也曾下榻于和平饭店。②1965年，外滩19号原汇中饭店并入和平饭店，称为和平饭店北楼。

在改革开放中，和平饭店也开始走向转型，在这一过程中，和平饭店顺利地实现了从事业单位、行政接待型饭店向旅游涉外饭店的转变，不仅成功地进行了现代企业管理，而且发展成为建设现代化大都市的服务窗口，具有接待国宾、接待各种大型国际性会议的服务功能，

① 杨卫民、黄凯：《历史传奇与现代经典——从和平饭店远眺上海中心大厦》，《饭店现代化》2014年第8期。

② 《和平饭店》，《饭店现代化》2011年第10期。

发挥着越来越重要的作用。[1] 在 1992 年，和平饭店被世界饭店组织列为“世界著名饭店”，也是中国唯一一家荣获此殊荣的饭店。跨入 21 世纪后，上海成功举办 2010 年世博会，而这座外滩历史名店也展开了其盛世纪元。在 2010 年 7 月 28 日，历经三年修缮，耗资 5 亿港元，已有百年历史的上海滩标志性建筑的和平饭店正式恢复营业，在保留传统特色的同时，饭店也添加了许多现代设计元素和先进设施，成为全球酒店业巨头费尔蒙旗下的地标性酒店，挂牌费尔蒙：上海和平饭店（FAIRMONT PEACE HOTEL）。

穿越时光，如今我们走在南京路这条承载了无数人记忆的道路上，仍可以看到承载着辉煌历史的和平饭店静静地伫立在黄浦江畔。

（高　俊）

① 《高朋满座　宾至如归——记上海和平饭店》，《人民论坛》2002 年第 10 期。

国际饭店

上海国际饭店是上海年代最久远的饭店之一，在20世纪30年代曾有过“远东第一高楼”之称。上海国际饭店地处繁华的黄浦区南京西路170号，饭店距今已有八十多年的历史，可以说是上海的象征，更是一个城市文明的结晶。

首先让我们来了解一下国际饭店的发展历史以及它背后的故事。1931年，由上海金城、盐业、大陆、中南四家银行组建的“四行储蓄会”，规划共同投资建造一幢远东最高的大楼，藉以树立四行储蓄会的形象。同时为了吸引更多的储户前往四行存款，他们最后决定建造一家豪华饭店，取名国际饭店。① 后来作为中国人自己筹资建造的第一幢摩天大楼和20世纪30年代亚洲最先进的酒店，国际饭店果然不负

① 小隐：《称雄上海五十年的国际饭店》，《档案与史学》1999年第4期。

众望，许多富商豪绅来到这里食宿，同时也为四行储蓄会带来了许多客户。国际饭店承载了当时那一代人的回忆，透过她饱经沧桑的外表，我们似乎又回到了20世纪三四十年代的灯红酒绿的十里洋场，也可以看到当年那些富商豪绅忙碌进出的模样，如今，她静静伫立在南京路上，见证着悠悠历史，就像一部恢宏的史诗，向人们诉说着当年的故事。

说到国际饭店，就不得不说到饭店的设计师拉斯洛·邬达克了。邬达克于1893年出生于奥匈帝国，是家中长子，他在童年时期就非常爱画画，1910年，17岁的邬达克进入布达佩斯匈牙利皇家约瑟夫科技大学建筑系就读。① 并且于1911年5月，邬达克在导师的指导下独立完成了其建筑师生涯的首部作品。原本的邬达克是要继承家业的，但岂料，第一次世界大战爆发，这位青年建筑师成为了奥匈帝国军队在俄罗斯前线的一名士兵。而在1916年6月的时候，因为伯力战役失败，邬达克头部受伤从而成为残疾战俘，一路颠沛流离至希洛克。据说，在1918年10月初，邬达克在运送战俘的火车接近中国边境时，毅然跳车逃亡，来到了哈尔滨。②1918年10月26日，他又从东北抵达沪上，而当时奥匈帝国战败解体，他成为了没有国籍的人，落魄的邬达克在上海找到了第一份工作，之后在上海组建了家庭。毋庸置疑，上海庇护了邬达克，让他有了发挥自己才能的空间，邬达克也用他的作品丰富了上海的轮廓，将自己对上海的热爱写进了城市的每个角落。他设计的建筑屹立在上海，就是抹不去的城市的记忆。

邬达克参与了上海建筑的黄金年代，当时在上海共有54个项

① 谈心：《邬达克的上海故事》，《档案春秋》2012年第7期。

② 周军：《邬达克：为上海而生的传奇建筑师》，《侨园》2017年第4期。

目是由他参与设计的。国际饭店可以说是邬达克在上海的巅峰之作，这栋共 24 层的高楼，来自他 1929 年游历美国的灵感。① 在当时那个年代，由于技术限制，要盖高楼还是非常有难度的。而且上海是一座临海城市，土质大多为松软的沙质土，在这样的地质环境下要盖高楼是一种极大的挑战。在这种情况下，邬达克与团队克服万难，巧妙地运用美国建筑理念与德国的冶钢技术创造了奇迹，建成了国际饭店。这座大楼的建成标志着上海高层建筑的设计和施工都达到了一个新的水平，在当时造成了空前的轰动。这座大楼几乎是美国 20 世纪 20 年代摩天大楼的直接翻版，它采用了钢框架结构，钢筋混凝土楼板，层层收进的顶部造型无不反映出美国艺术装饰主义建筑的特征。邬达克设计出了国际饭店，国际饭店也成就了他，1947 年，邬达克最终离开了上海，并于 1958 年 10 月 26 日因心脏病发作而去世。

关于国际饭店，上海还流传着“仰观落帽”的说法。据说当时有一个乡下人初来上海，去看国际饭店，他不断地仰起头、仰起头去看，结果正好有一阵风吹来，把他的帽子吹到了地上。因此当时的大人经常对小孩这样说：到南京路上看国际饭店，当心被大风吹落帽子。② 可见国际饭店在当时的雄伟气派。

历史总是充满着令人难以想象的魅力，上海成就了邬达克，而邬达克绝对想不到，他设计建成的国际饭店也在某种程度上成就了另一位生于中国的建筑大师——贝聿铭。贝聿铭是苏州望族之后，他的祖父是上海商业储蓄银行的创建者，父亲是中国银行香港分行的创建者。在 1927 年，因为父亲调职，举家移居上海。当时贝聿

① 周军：《邬达克：为上海而生的传奇建筑师》，《侨园》2017 年第 4 期。

② 沈嘉禄：《国际饭店，城市文明的一个原点》，《档案春秋》2011 年第 8 期。

铭还小，但是已经十分优秀，口才出众，大家还认为他日后会当一名大律师。不过当时他还处于懵懂中，课余只知道玩玩游戏，玩累了就去附近看看电影。在 1934 年，贝聿铭 17 岁时，却出现了改变他人生轨迹的一件大事。在他家附近，一座 24 层的高楼要破土动工了。当时 24 层的高楼简直就是一个奇迹。于是在周末他不再去玩耍也不再去看电影，而是跑去施工现场，亲眼看见了这座叫国际饭店的大楼拔地而起。看到这个奇迹，小小的贝聿铭下定决心："我也要建造一座和国际饭店一样高的大楼！"后来，在他中学毕业的时候，银行家父亲让他要么学金融继承家业，要么去学医，而他却一样都不选，坚持要学建筑，并且发誓将来要建造出和国际饭店一样的高楼大厦。最后，他的父亲将他送往麻省理工学院和哈佛大学攻读建筑学。最终贝聿铭真的成为了一位有名的建筑师，当他重新回到上海时，已经是世界著名的建筑大师，一生的作品成就也远远地超过了国际饭店。①

国际饭店在上海的地标意义难以撼动，在当时，很多社会名流都在此处下榻，像宋美龄、张学良、梅兰芳、胡蝶和卓别林等都来过此处。1949 年陈毅市长在饭店接见了进驻上海的解放军团以上指挥员。不少名流学者更是为饭店留下的诗、书、画等作品，1959 年，郭沫若登上饭店屋顶时便欣然题诗两首，成为饭店的传世之宝。而在 1950 年，国际饭店被上海测绘院确定为上海中心原点，成为城市建设的测绘坐标。② 作为上海最高楼的记录保持了半个世纪之久，国际饭店已经成为了一家既具有传统经典又具有国际地位的酒店。它源远流长的历史和典雅的建筑风格使其成为上海著名的

① 潘真：《国际饭店 · 邬达克 · 贝聿铭》，《检察风云》2017 年第 1 期。

② 毛亚民：《记忆中永远抹不去的上海国际饭店》，《上海企业》2011 年第 5 期。

地标建筑，若是走在南京路上，还可以领略到国际饭店昔日的辉煌和今日的风采相得益彰。

如今的国际饭店是锦江国际集团的重要成员，2006 年，国际饭店被国务院确定为“全国重点文物保护单位”。2010 年上海世博会，斯洛伐克国家馆专门展陈上海国际饭店的木雕装饰画，颂扬著名设计师邬达克与上海的建筑故事。而在 2010 年 9 月，饭店建立了“国际饭店文史馆”，由于其独特的创意和展览的珍贵史料受到了社会的广泛关注。当时许多著名人物都对此十分关注，像中国台湾著名学者李敖在参观的时候就对布展的文件和物品看得十分的专注，而且还落笔题写了“重来海上，旧地重游”。匈牙利总理欧尔班在参加上海世博会并作主题演讲后，专程来到国际饭店访问，并予以了高度评价：“在我看来，国际饭店是上海最为优秀的饭店，她经久不衰的历史与文化证明了这一点。新的饭店尽管设施设备完好、豪华，但由于没有文化传承，她们的品质远远不及国际饭店这

样的经典老饭店。”中国外交部部长杨洁篪也称赞国际饭店：“我住过许多饭店，像国际饭店这样历史文化积淀深厚的老饭店，才是最具品位的。”他还嘱咐饭店领导“要把国际饭店这座全国重点文物建筑管理好、维护好，使中华老字号著名饭店的优秀企业文化得以传承和发展，重新焕发勃勃生机与活力。”①

经历了几十年的沧桑变革的国际饭店，见证着中国的历史，记录了无数的故事，国际饭店曾经是上海的地理高度，它更是几代上海人的心理高度，也是上海的象征。

（高　俊）

① 毛亚民：《记忆中永远抹不去的上海国际饭店》，《上海企业》2011年第5期。

六、洗染业

正章洗染店

同样为南京路上洗染业的老字号，与“老日升”的暗淡现状形成鲜明对比的是，“正章”品牌迸发出来的强劲生命力和发展后劲。

“正章”品牌创设于1925年，通过近百年的发展，今日的上海正章洗染有限公司在全国率先实行了洗染服务的连锁经营模式，经过网点的不断优化调整，在上海全市已有近180家正章洗衣服务连锁网点。1993年，“正章”被国内贸易部命名为“中华老字号”。1998年，跻身于全国日用商品、食品企业500强的第176位。2009年，入选中国最具价值品牌500强的第404位，品牌价值15.23亿元。上海的诸多重大国际性事务如2001年的APEC峰会、2006年六国峰会、2007年世界夏季特运会、2010年上海世博会等，与“正章”均有合作业务。正章日用洗涤剂产品多年荣获“上海市名牌产品”称号；“正章”商标是“上海市著名商标”。2011年，被商务部收入第二批保护与促进的“中华老字号”名录。“正章”这一老品牌焕发出新的生机，由上海走向全国，并逐渐名播海外。公司现为上海市洗染行业协会副会长单位，“全国十佳洗染店”企业，被国内贸易部命名为“全国商业优秀企业”。①

千里之行始于足下。“正章”从无到有，发展壮大离不开创始人吴锦章的精明强干，甚至连“正章”这个名字都是来自老板名字

① 上海正章洗染有限公司主页 http://www.zz1925.com。

"锦章"的谐音。①

吴锦章（1899—1969年），江苏无锡人，1914年来到上海，一开始在法国人开设的安利饭店当学徒。因为勤奋好学，十分能干，为老板所赏识，于1921年晋升为安利饭店经理。②因为在上海法租界饭店中工作，他看到当时住在饭店里的外国人经常要换洗衣服，却又往往无处洗烫，又鉴于当时纷纷进口呢绒大衣、西装、硬领衬衫，这些衣服对于洗涤熨烫的要求很高，而市面上多是摆设在弄堂口的一些使用烙铁、炉子、铺板等简陋工具的洗衣摊，像样的洗衣店寥寥无几，于是紧跟市场需求找到商机，于1925年拉人凑股，合伙租下了霞飞路（今淮海中路）安利饭店旁一幢双开间门面的店铺。这是一间包括过街楼的三层楼房子，楼下是店堂，二楼是工场，三楼为住家，挂出正章洋行的牌子，对外承接烫衣业务。开始时，只有一台蒸气烫衣机，安装在店堂内，楼上工场有几张烫板与烙铁，雇佣了十几个职工。由于生意日益兴隆，由单一的烫衣发展为洗、烫、染、织补多项服务，且不光洗烫西服，中装衣服业务也占很大比例。数年后，招牌改为"正章干洗商店"，即今淮海中路卢湾正章实业总公司。③

老板吴锦章经营有术，尤其擅长以广告招徕顾客。凡当时能够

---

① 据称"正章"刚创办时，是据老板的名字起名为"锦章"的，后来店里的宁波伙计口音很重，"锦章"变"进账"，变将错就错图个吉利，改成"进账"的谐音"正章"。参见贾彦：《上海老品牌》，上海辞书出版社2016年版，第223页。

② 静安区地方志编纂委员会编：《静安区志》，上海社会科学院出版社1996年版，第1044页。

③ 张庶平、张之君：《中华老字号》（第1册），中国轻工业出版社1993年版，第266页；《上海饮食服务业志》编纂委员会编：《上海饮食服务业志》，上海社会科学院出版社2006年版，第249—250页。

利用的广告宣传媒体，如电影、电台、报纸杂志乃至路牌霓虹灯等，都是“正章”的宣传渠道。为了吸引注意力，吴还别出心裁地叫人做了一件超大号的西装，在正章洗衣洋行门口从三层楼的阳台上挂下来，直挂到底层门面，赚足了路人的眼球。因当时洗衣店是新产业，很多人都不知道具体是做什么的，吴又想出了“洗衣不用水”的招牌标语，还特意把一台干洗机安装在隔壁街的店堂里，让路人隔着玻璃观看洗衣师傅的操作表演，让“干洗机”成了“正章”的“活广告”，引得不少人就为一试“干洗”而把衣服送来。①此外，他还向社会征集店铺的电话号码，最终选定为“83315”，用上海话叫起来就是“不洗洗要污”，直接表明这是一家洗衣店，此事当年在上海轰动一时，大大扩大了“正章”的影响力与知名度。②

“正章”开业不久就门庭若市，洗烫业务应接不暇，“营业异常发达”。③但吴锦章并不满足这小小的成功，除了持续提升正章品牌的美誉度外，还不断动脑扩展业务规模。1929 年，他陆续在静安寺路（今南京西路）、福煦路（今延安中路）茂名路口附近开设了 2 家分店。此处当时居住着许多外国人和有钱有地位的中国人，对于高档衣物洗护的需求可想而知。当时，上海 3 家正章中文名称正章干洗商店，而外国招牌不同。淮海路正章是：VALET SERVICE DRY CLEANING COMPANY，静安寺路正章是 PICEADILLY DRY CLEANING COMPANY，福煦路正章是 E-Z DRY CLEANING COMPANY。3 年后，

① 汪清、何玉杰主编：《中外广告史》，湖南大学出版社 2007 年版，第 175 页。

② 秦其文：《近代中国企业的广告促销技巧研究》，《中国经济史研究》2005 年第 1 期，第 68 页。

③ 《正章干洗店近讯》，《申报》1938 年 12 月 22 日。

因福煦路正章营业不振，盘给人家。由于当时正章并未注册，与福煦路正章新业主打起官司来，双方都称对方冒牌，加上孤岛时期，日本人也一度要向房东强租淮海路正章房子，企图赶出“正章”。抗日战争胜利后，吴锦章一方面以290两黄金买下淮海路正章整幢房子，并在南京国民政府所在地南京新街口开设正章干洗商店总店，进行注册，上海的2家“正章”干洗店作为分店。“正章”也由合伙经营改为吴锦章独资经营。到20世纪40年代后半期，上海2家“正章”已有从业人员100人，由于业务蒸蒸日上，旺季还雇用了大量临时工，并进行加点加班，可称为解放前“正章”的全盛时代。①

“正章”品牌的成功，归根结底还是在于服务质量。

为了提高洗烫衣件质量，除烫衣机、烫帽机外，20世纪30年代“正章”进口干洗机，专洗呢绒丝绸高档衣服，当时成为上海华人开设的唯一有机器干洗、名副其实的干洗店。《申报》载该年正章“专洗中西衣服地毯窗帘皮件等，一律用化萝配制药水干洗，所染绸缎呢绒等料颜色，亦均鲜艳夺目，永不褪色，免费派人收送，定期准确迅速，近加聘欧美技师数位，出品较前尤为精美，并设二规模冷气保管部，代客保管，便利安全”。②

除门市服务承接顾客洗烫衣件外，“正章”还设立了收送部，承接顾客衣件，服务极好，不论路远路近、刮风下雨、衣件多少，即使是只有一根领带，只要电话打来，也要立刻上门收送。此外因“正章”信誉享誉海外，还专门增加了邮寄业务，从南洋、新加坡、日本等地会有外国人与华侨把成箱衣服寄来洗烫，洗好后再托运

① 《上海饮食服务业志》编纂委员会编：《上海饮食服务业志》，上海社会科学院出版社2006年版，第250页。

② 《正章洗染商近况》，《申报》，1936年6月6日。

出去。①

吴锦章对于洗烫质量把关非常严格，他认为洗得干净、烫得挺括、使顾客满意，才是最好的广告。他高薪聘请洗烫技工与缝纫工，规定烫西服要一烫一烘一改制，即先打“草稿”（初烫），再用高温烘干水分，然后精烫。考究的中装衣服如丝绵衣、花纽、硬领头等，都进行拆洗拆浆，然后再装上去，这样整旧如新。凡脱线落扣等衣服，把扣子配好，脱线缝好，免费服务。衣服洗烫完工后，有专职人员进行检查，把好质量关。②

新中国成立后，“正章”虽几经变迁，但作为上海洗染业中的领头羊地位始终没有改变。更为重要的是，创始人吴锦章的“正章”那些优良的经营理念延续下来，成为品牌持续发展的内生动力。尤其是中共十一届三中全会召开以来，在改革开放政策的指引下，“正章”坚持以适应市场需求为导向，发扬“好、快、便”的经营特色，继续将“正章”这块金字招牌发扬光大。

“正章”建立了一整套营业员规范服务标准、操作程序与质量管理体系，收衣部做到“五清三核对”，洗衣间做到“五定四分开”，烫衣间做到“一烫二烘三改”操作工艺。为适应不同社会层次的需要，正章不断调整服务方式。③1995 年，公司投资 1390 万，在全国率先实行了洗染服务的连锁经营模式，独家首创 4 小时快衣、24 小时昼夜服务模式，开展名师、名家、特级技师的挂牌上柜服务，每天用 20 多辆车来往于各大宾馆酒店等，提供物流运

① 《上海饮食服务业志》，上海社会科学院出版社 2006 年版。

② 张庶平、张之君：《中华老字号》（第 1 册），中国轻工业出版社 1993 年版，第 267 页。

③ 方惠萍主编：《商标：现代服务企业的核心价值》，上海三联书店 2007 年版，第 158 页。

输。[①] 为使专业洗涤家庭化，公司组织一流的技术力量，对常年积累下来的宝贵专业洗涤经验进行总结与整理，并结合普通家庭洗涤的特点、现代技术工艺，开发出一系列特点突出、性能稳定、使用方便、口碑俱佳的“正章”牌日用洗涤产品，如“油葫芦”免拆洗油烟净、羊毛衫专用洗涤剂、无磷洗衣液等。在突然兴起的皮夹克热潮里，正章公司经理发现此类衣物若用以前的方法清洗很容易没有光泽，稍不注意就会导致皮面霉裂，灵光一闪将去污膏与光亮剂配对，让顾客套装购买自行去污，这样一套双瓶的皮革光亮剂迅速火爆，后来的羊毛衫洗涤剂等也是同样的道理。[②]2000 年，“正章”推出了《正章洗染店视觉识别手册》，进一步规划出企业的七个统一，即统一包装、统一服装、统一装潢等。“正章”已由原来单纯的洗衣作坊，逐步发展成为有洗烫、染色、化工生产、产品销售等

① 贾彦：《上海老品牌》，上海辞书出版社 2016 年版，第 225 页。

② 《上海百家名店》，(香港)《经济导报》社 1990 年版，第 154 页。

四大类、多功能、综合性的产销结合的商业服务企业。①

1993 年，“正章”申请注册第一批服务商标，1995 年获得批准。“正章”从来不放松对商标的宣传力度，见缝插针在 20 辆运输汽车上印有“正章”注册商标，取衣包装袋、衣架、信纸、信封等标识“正章”商标。同时，还向消费者提供咨询服务，为消费者假日俱乐部专题上课。随着企业的不断发展壮大，“正章”由从前的文字、图形商标，逐步发展为一系列组合商标，创意新颖。别具一格，得到了消费者的认同。2000 年新注册的“正章”组合服务商标选用海豚为吉祥物，表达“正章”永远年轻，充满活力，无限延伸老商标生命力。2002 年，“正章”率先在洗染行业通过 IS09001 国际服务质量体系认证，并获得英国雅斯利国际质量认证证书，“正章”现已成为洗衣服务的代名词。②

今日的“正章”已然成功实现了立足上海、全国发展、走向世界的策略，但从未懈怠，继续以昂首阔步之姿迈向未来。

（徐　涛）

① 马洪主编：《中国经济名都名乡名号》，中国发展出版社 1992 年版，第 1037—1038 页。

② 方惠萍主编：《商标：现代服务企业的核心价值》，上海三联书店 2007 年版，第 159 页。

老日升织补店

“巧夺天工、天衣无缝”是人们对老日升织补店的赞誉。① 纵论织补业在百年上海的发展历史，老日升织补店占有不可或缺的重要地位，是无论如何也绕不开的名字。它不仅是织补丝绸、呢绒类衣服的著名织补店，除此之外，还提供毛料、化纤类衣料、台湾席、尼龙蚊帐、尼龙人造血管等的织补服务，为上海洗染行业中资格最老、名气最响的百年老店。

老日升织补店最开始名为“天津日升织补洗染店”，1894 年由李文庆开设在上海东熙华德路（今东长治路）398 号，营业面积仅 20 平方米，只有他一个刷染师傅和 2 个织补工，专为周围裁缝铺和居民织补裁坏、烫焦、虫蛀、鼠咬的衣服。开店在上海，之所以名为“天津日升织补洗染店”，不是因为这间小店是从天津搬迁过来的，而是因为当时中国织补、洗染行业，天津位居全国第一，享有盛誉，因此为了打开市场，店主李文庆开动了脑筋，于是在店名招牌上面用“天津”二个大字为标榜，招徕生意。虽然店主李文庆是地地道道的苏州人，但将店名称作“天津日升织补洗染店”却也不是没有缘故的，因为李文庆的手艺的确是得一位天津师傅的真传。②

---

① 张庶平、张之君：《中华老字号》（第 1 册），中国轻工业出版社 1993 年版，第 126 页。

② 干谷：《上海百年名厂老店》，上海文化出版社 1987 年版，第 136 页。

织补业是很看手艺的一门行当。李文庆不仅是商业营销方面有过人之处，其织补技艺也十分高超。据史料记载，李文庆青出于蓝，经过苦学苦练，有着像《红楼梦》中的晴雯那样一双巧手，绸缎绫罗，如果不慎弄破了，经他细心织补，都能弥合如初，不露痕迹，即使仔细察看，也难找出破绽来。于是，这间小小的织补店，就逐渐地做出了名气。① 随着近代上海穿毛料服装者日渐增多，李文庆在原有织补技术上刻苦钻研，开创了毛料织补的新技艺。② 日积月累，李文庆的织补店面赢得了消费者的口碑，生意也兴隆起来，他决定不必再借助“天津”之名以作广告了，于是在 1920 年将“天津”两字店删除，更名为“日升彩织补刷染坊”。

尽管李文庆的“日升彩织补刷染坊”营业蒸蒸日上，却有一件事让他很不称心。因为织补业是一个很靠技艺的行业，自己已近风烛残年，家中儿子却不肯继承技艺，伙计中也没有值得托付的人，眼看自己的手艺后继无人，这让李文庆感到很不如意，幸而他适时遇见了徒弟曹永金。③ 曹永金也幸而遇到了李文庆，待徒如子，能如此信任他，最终将“日升彩织补刷染坊”交付在他手中。

曹永金（1898—1946 年），江苏常熟人，19 岁开始跟师傅学织补手艺，④ 手艺不错，作风也踏实，最初他供职于上海广东路 477 号门牌的万茂刷染店，店主郑锡荣。1917 年七八月间，广东路上发生一起纵火骗保案，郑锡荣、曹永金被指控为是嫌犯，但最终公

① 干谷：《上海百年名厂老店》，上海文化出版社 1987 年版，第 136 页。

② 马洪：《中国经济名都名乡名号》，中国发展出版社 1992 年版，第 1033 页。

③ 刘守敏、徐文龙主编：《上海老店、大店、名店》（上卷），上海三联书店 1998 年版，第 95 页。

④ 周太彤、胡炜主编：《黄浦区志》，上海社会科学出版社 1996 年版，第 1357—1358 页。

共租界的法庭洗脱了他们的罪名。①也许正是因为此一变故，让曹永金得缘拜师李文庆，从万茂刷染店换至日升彩织补刷染坊，继续学习织补技艺。

1924年，李文庆病故，日升彩织补刷染坊正式由其徒曹永金掌管。②曹永金不仅技艺上乘，而且经营有方。他首创很多织补技法，如挖丝精织法，生脚长，向八面均匀散开，织补后平整服帖，不增厚度；两面光精织后，光洁平滑不露痕迹；串呢法将两块料拼接成一块，拼织得如同整料一样，不见接缝，并传授给职工和徒弟。他还按职工擅长，分派织补衣件，经过实践，精益求精，技艺不断提高，织补质量日益完善，店誉益盛。当时上海市面上用丝绸、呢绒、化纤等纺织品为面料的衣件，无论其织纹为平为斜，色泽单一、复彩或缀有彩花，不管何种原因造成的破损，也无论破损面积大小，经老日升织补师精心巧手，运用各种技法予以织补，均能恢复原状，做到织纹一丝不差，色彩、质感浑然一体，不显修补痕迹。③1929年，曹永金将店名改为“老日升织补专家”。

在曹永金掌柜时期，据传一次一家西装店将一件做坏的花呢衣服送到店里来织补。这花呢条纹特别复杂，一般洗染店不敢接手。曹永金接下后，先用修钟表用的放大镜仔细研究花呢的条纹，并请木匠做了一只类似挑花绷的木架，又到竹篾店里定做了一捆竹丝，按花呢

① 《纵火案不及详讯》，《申报》1917年7月29日；《纵火图赔之控诉》，《申报》1917年7月22日；《纵人尚无实据》，《申报》1917年8月9日；《控诉纵火图赔之结束》，1917年8月14日。

② 马洪：《中国经济名都名乡名号》，中国发展出版社1992年版，第1033页。

③ 《上海饮食服务业志》编纂委员会编：《上海饮食服务业志》，上海社会科学院出版社2006年版，第248—249页。

的条纹用竹丝放大织到木架上，然后把木架上的花纹缩小移植织补到西服的洞孔上去。当西服店裁缝取回织补好的花呢，细细察看，竟找不到一丝伤痕，惊叹为人间奇迹。另有一次，1933 年，侨居日本从事织补的李松林寄来一件薄如蝉翼上有银元大一个洞的衣服，向“老日升”求援，曹永金采用挖丝串呢拼织法将它织补得两面不露痕迹，李松林看过后叹服道：“真是天衣无缝！”① 从此，“日升彩”的名声大振，不但誉满上海，还名扬日本、南洋和欧洲等地，店里常常可以接到海外的订单；而业务也转为专营织补，而不再兼营刷染。

1937 年“八一三”事变发生，因为店面地处虹口，临近战场，被迫停业，曹永金租得原老闸区（现黄浦区）云南路 58 号店房，开了老日升织补专家分店。不久虹口老店复业。1946 年，曹永金病故，虹口店业务不振，职工转业他去，织补特色逐渐消失，成为一般洗染店，后又改为染坊的仓库，结束了织补历史。

相比于虹口店的衰落，黄浦区云南路的分店因为临近南京路的关系，业务在曹永金徒弟沈桂生的手中得以继续经营。1956 年，上海全行业公私合营，市场繁荣，老日升接到成批出口乔其纱、缎面鸭绒被、枕头套以及新华呢大衣等品种的疵纱、漏丝织补业务，生意兴隆，业务蒸蒸日上，扩大了场地，增加了人员。1959 年，老日升正式迁至南京东路 238 号，改店名为“老日升织补店”，扩充为三开间门面，营业面积变为 120 平方米，培训人员，扩大业务，人员增至 30 余人。②

---

① 张庶平、张之君：《中华老字号》（第 1 册），中国轻工业出版社 1993 年版，第 126—127 页。

② 《上海饮食服务业志》编纂委员会编：《上海饮食服务业志》，上海社会科学院出版社 2006 年版，第 249 页。

这一时期的老日升出了3位著名的织补师，除了沈桂生外，另有沈林虎和唐士英。他们都是曹永金的门生，得了李文庆、曹永金一系织补技艺的真传，并且青出于蓝而胜于蓝，成为当时上海市首批特一级织补技师。

培养新人，传承技艺，对服务行业来说，十分需要。老日升的织补大师们从来不吝惜将自己高超的技艺传授于人。如老师傅沈林虎，把自己三十多年积累起来的织补“正反两面光”（不露痕迹）的绝技，全盘教给艺徒。他对每一个精细动作都讲得清清楚楚。有的艺徒碰到要求高的精细活计不敢做，沈林虎鼓励他们大胆尝试，织得不好，拆了再做，一直到徒弟学会为止。在沈林虎的悉心教导下，有些艺徒织补普通呢料衣服，也能做到“两面光”了。①

1964年，北京故宫的珍贵文物——明代龙袍因为年代久远风化发脆，龙头被损坏了。时年53岁的沈桂生应邀前往北京，凭借着一手非凡的织补绝技，精心修复了龙头，使得这件明代龙袍重现光彩，故宫博物院的专家看后纷纷赞叹他“巧夺天工，天衣无缝”。此后，老日升“天衣无缝”的名声在全国传开了。②在沈桂生等大师手下，织补已不是补个洞了事，而是一门独具匠心的艺术。

20世纪60年代，中国的出口贸易发生变化，老日升的织补业务锐减，遂开拓化纤物织补，帆布带、丝绸带拼织，丝袜、羊毛衫、台湾席织补等新的服务项目；同时兼营洗、烫、染色外加工业务。

1979年，上海市饮食服务公司在老日升设立了织补技术进修班，进一步提高行业织补技术水平。1982年，新建工场100平方

① 《传宗接代》，《人民日报》1961年6月27日。

② 邵宁：《平民记者看上海》，东方出版中心2005年版，第23页。

米，并添置设备，经营干洗、熨、烫、印字、皮件上光、经销洗涤材料等业务。从此，企业经营中，织补比重有所下降，但仍是该店保有的传统经营特色项目。1982 年的营业额位 5.2 万元。①

1990 年，店址因区服务公司另有安排，迁至南京路 517 号营业，定店名为“老日升织补干洗店”，并在河南中路 470 号设东分部。不久，由于市政建设需要，新建成都路高架路，老日升店迁至河南中路分部继续营业。② 这一时期，老日升有从业人员 30 余人，新老技师们在继承传统织补工艺的基础上，又有新的创造和发展，随着化纤工业的发展，又闯出了尼龙针纺织品织补的新路子，在服务范围与科技上也有扩充，增添了蒸汽熨烫机和从德国进口的“鲍华”干洗机，配备了洗、烫特级技师，扩大了服务范围，除织补外，兼营洗、染、烫、印、皮件上光和代客邮寄。③

可“百年老店”并不是一个“一招鲜吃遍天”的金字招牌，在人民生活水平显著提高、生活节奏明显加快的情况下，织补业的业务量急剧减少，乏人问津，“老日升”即使是坐落在繁华南京路上的名特商店，也不可避免地走向衰落。据上海市中华老字号企业协会统计，20 世纪 80 年代中期，国家国内贸易部评定上海 286 家商业企业为“老字号”，百年以上的有 61 家。其中，有 11 家品牌企业的连锁网点超过 80 个，22 家企业年销售额超过亿元，2006 年全市中华老字号商业企业年销售额为 160 亿元，杏花楼、功德林等

① 上海社会科学院《上海经济》编辑部编：《上海经济（1949—1982）》，上海人民出版社 1983 年版，第 1114 页。

② 《上海饮食服务业志》编纂委员会编：《上海饮食服务业志》，上海社会科学院出版社 2006 年版，第 249 页。

③ 马洪：《中国经济名都名乡名号》，中国发展出版社 1992 年版，第 1033—1034 页。

"老字号"的年利税额达亿元以上。可进入21世纪后，"老字号"的处境与之前有着十分残酷的对比，原本的286家"老字号"已有92家处在"不经营状态"，中国皮鞋厂、华东皮鞋厂、中国照相馆等变得了无踪影，不少曾经辉煌走向世界的民族品牌，正在承受衰退乃至"消亡"的威胁。① 更让人堪忧的是，不仅有许多老品牌的未来走向黯淡无光，连手艺技术都要随着行业的衰落、品牌的消失而消失，"老日升"半个世纪以师徒世代相传的织补手艺，竟也面临着失传的可怕境遇，仅有原店里的一位国家级技师在"正章"带徒，实在令人唏嘘。

（徐　涛）

① 陈茂生：《中华老字号"生存报告"》，《市场聚焦》2007年第5期。

七、百货商业

惠罗公司

百货公司这一近代化的商业零售组织，最早出现于19世纪50年代的英国。英国是最早开始工业革命的国家，19世纪中叶已成为当时的“世界工厂”。此外，还在全球之内开拓殖民地，实行“自由贸易”。百货公司之所以诞生于英国，绝非偶然。鸦片战争之后，上海成为五口通商的口岸之一，外国势力急剧涌入，而其中英国则是长期以来影响力最大的国家。英式商业零售组织传入上海，也是大势所趋。

开埠之后，西洋百货作为商品进入上海，逐渐进入城市居民的日常生活。经营洋货的店铺——洋庄、洋行随即应运而生，经营繁盛。随着上海西侨社会的发展，以及华人对西洋日用消费品需求的增长，作为近代西方商业文化标志之一的百货公司呼之欲出。在这种情况下，英商于1904年在南京路开办了惠罗公司。

这家惠罗公司其实是分店。英商惠罗公司最初于1882年在英印殖民地加尔各答创立，后总部迁往伦敦。惠罗公司选址于今南京东路98号，既位于公共租界大马路之上，又临近跑马场，人流如织，属当时上海最为高档、繁华的商业地带。1904年12月，成立伊始的上海惠罗公司决定兴建公司大楼。委托英商玛理逊洋行负责设计、施工，1906年底竣工。公司大楼外表巍峨壮观，高五层，占地面积1176平方米，建筑面积5685平方米。为先进的钢筋混凝土结构；底层用做商场，装配有落地大玻璃窗，地面铺设马

赛克，灯火通明时，异常明亮光洁。二层至五层全部铺设硬木地板，部分辟作商场，其余作为写字楼出租。公司开张之初，即以经营进口高档百货为业，一应业务标准俱向伦敦看齐。旅沪西侨趋之若鹜，门庭若市。稍久，沪上生活优裕的华人家庭成员亦开始频繁光顾，选购所中意的生活用品及奢侈品。华人顾客的增加，使惠罗公司开始留意上海华人顾客的商品喜好，做好相关进货、销售工作。必须指出的是，英商惠罗公司的成功经营，为同样具有英国背景的先施公司以后进军上海，既起到了鼓舞信心的作用，也提供了弥足珍贵的经验。

在四大公司诞生之前，惠罗与福利、泰兴、汇司称雄于南京路百货业，后人称其为“前四大公司”；四大公司崛起后，惠罗与福利、丽华、国货并称为“四小公司”。作为近代上海规模最大外商百货公司，足见其营业之繁盛。1941 年 12 月太平洋战争爆发后，被日军以“敌产”之名侵占，至抗战胜利后才恢复营业，然而因民生凋敝、社会动荡，导致营业每况愈下。新中国成立后，英商撤离，加之百货业整体面临转型，遂于 1954 年申请歇业。

1958 年 12 月，上海市房管部门接管公司大楼。商场部分经改装后被辟为上海市手工业局产品陈列厅。手工业局撤销后，改为上海市第二轻工业局产品陈列厅，凭票供应一些轻工产品。北部原写字楼部分作为第一机械工业部华东产品管理处办公楼。1986 年 9 月 18 日大楼发生火灾，二至五层遭严重焚毁，后按照原样修复。1992 年 10 月，上海惠罗有限公司成立，汪道涵为公司题字，以经营羽绒服饰为其特色。惠罗已被国家商务部认定为“中华老字号”企业。

（葛　涛）

新新公司[①]

上海市第一食品商店的原址为民国时期南京路四大公司之一新新公司。新新公司英文名“The Sun Sun Co，Ltd.”，之所以命名为“新新”，在于取“日新又新”之意。

新新公司创始人李敏周、刘锡基，广东香山（今中山）县人。李敏周出生于1881年，家中以务农为业。18岁时得到同乡梁坤和资助，前往澳洲。他先在梁的农场工作，与其女儿成婚。婚后，李敏周开始经营杂货店，稍有资金积累后即投资房地产。时值第一次世界大战，澳洲地价一落千丈。李敏周趁机以低价购进大量土地。随着战局趋于稳定，地价回暖，李敏周获利丰厚。20世纪20年代初，李敏周前往上海，寻求发展机遇。而他的舅父，正是帮助马应彪筹建上海先施公司的大功臣——黄焕南。时任先施公司经理刘锡基，是与李敏周自幼相熟的友人。刘锡基正欲脱离先施自立门户，与李敏周一拍即合。李敏周随即回澳洲募集资金开业所需资金，新新公司开业时资本金的一半以上，由其在澳洲募集所得。

李敏周选定的公司地址，土地产权属哈同洋行。在商谈租赁条件时，哈同洋行条件极为苛刻。后经英国领事馆出面斡旋，方降低条件，协议始成。1925年，新新公司大楼建成。大楼坐北朝南，占地4280平方米，建筑面积22030平方米，高30余米，钢筋

① 现为上海市第一食品商店。

混凝土框架结构。楼高七层，从底层到三楼，共设置了 28 个销售部。底楼有日用小商品、罐头烟酒和化妆品等十部，二楼设绸缎面料、时装和鞋帽等六部，三楼设钟表、照相器材和运动器械等十二部。四、五层为办公室，六楼为综合性娱乐场所，设有新都剧场、新新夜总会及有“玻璃电台”之称的凯旋广播电台。七楼则为屋顶花园，有别名“万象厅”的新新游乐场。此外，新新第一楼、新新茶室、新新美发厅和新新旅馆分布于各楼层，顾客可享受极为舒适的生活服务。

1926 年 1 月 23 日，上海新新公司正式开业，资本总额约达 320 万银元。曾任国务总理的香山籍大佬唐绍仪主持开业典礼，每位来宾一律获赠上等龙门牌香烟一包，可谓皆大欢喜。开业后，新新公司业务发展顺利。正当李敏周走上事业顶峰之时，人生却突然悲剧性地落下了帷幕。1934 年 2 月 1 日傍晚，李敏周在公司三楼新新旅社 327 号房间遭枪杀，行凶者是相识十年、军官出身的公司总司阍周占元。

自抗战爆发，直至上海解放，新新公司的命运跌宕起伏。1949 年 5 月 25 日，位于新新公司六楼的“玻璃电台”播送了中国人民解放军的《约法八章》，上海解放了。1952 年，在原新新公司大楼的精华处，开设了国营上海市土产公司第一门市部，先后经营山货杂品、土特产食品等。1957 年起改为上海市第一食品商店。目前，上海市第一食品商店是一家股份制有限公司，被国内贸易部授予“中华老字号”称号。

（葛　涛）

永安公司

民国时期南京路“四大公司”中，永安可能是老上海人最为念念不忘的一家。即使是在20世纪80年代“华联”鼎盛时期，老一代上海人脱口而出的仍是“永安”。

永安创始人郭乐、郭泉兄弟，广东香山县（今中山县）人，出身农家。郭乐出生于1874年，十八岁与其兄前往澳洲悉尼谋生，小有积蓄后集资开设永安果栏。不久，其弟郭泉由檀香山来到悉尼，协助郭乐经商。1907年，郭氏兄弟与永安果栏股东集资创办香港永安公司，郭泉于1909年任公司总监督。1915年，在香港开设永安水火保险公司，并在汉口、广州、上海和新加坡等地设分支机构。是年，郭氏兄弟筹建上海永安公司。

经过考察，郭乐、郭泉最终选定公司地址于南京路、先施对面。这块土地面积超过八亩，所有权属于哈同洋行。永安公司与哈同洋行签订了为期30年的租约，年租金白银5万两，租约期满后公司建筑物无偿交给哈同洋行。1916年4月，永安大楼动工，位于今南京东路635号，这就是“老永安”大楼。同年，上海永安公司在香港注册，资本金最终达到港币200万元。郭氏家族投资额仅占总股本数的5.6%，却长期控制着上海永安的经营管理决策权。

1918年9月5日，上海永安公司正式开业。公司大楼巍峨地矗立于南京路，楼高6层（局部7层），钢筋混凝土结构，占地5681.5平方米，建筑面积30992.3平方米。沿南京路设有10个大

玻璃橱窗，用以陈列商品。顶部有2层高的塔楼，名“倚云阁”，为游艺表演场所。底层铺面至四楼为商场，五楼为办公室、会客室、食堂等。大东旅社、大东舞厅、茶座分布于二至五楼。共设39个商品部，经营环球百货万余种。

永安公司的商场楼层安排，尽显体贴顾客之意。进门即为销售日常消费品的底层商场；二楼以女性顾客为目标，陈列布匹、绸缎等衣料品；三楼陈列珠宝、首饰、钟表；四楼陈列家具等大件商品。在售货服务方面，永安公司也想方设法使顾客称心满意。售货员接待顾客时，和颜悦色、不厌其烦。同时，永安公司还很重视利用广告、舆论来扩大影响、提高销售。由于经营有道，营业蒸蒸日上。截至1930年，上海永安公司累计利润高达港币1070万元。

1932年，永安新大楼建成，位于南京东路727号。连接新、老永安大楼之间的，是建于浙江路的两座封闭式天桥。新大楼为钢框架结构的高层建筑，前楼22层，高72米；后楼8层，有地下室。占地1400平方米，建筑面积14438平方米，仿美国现代摩天楼样式。大楼顶尖上装置了霓虹灯，夜间流光溢彩。大楼内装有冷暖气、快速电梯。一至五层为营业场所；六层至屋顶为“七重天”，包括电影院、茶园、舞池、酒家及露天散步场所等。

1937年抗战全面爆发后，租界一时成为“孤岛”，永安公司的营业额大增。其时，永安已从向英国注册改为向美国注册。郭乐将公司交侄子郭琳爽主持，与郭泉一起出走香港，并于1939年定居美国。太平洋战争后，因在美国注册之故，日本派人进驻永安，行使经营监督权，公司经营江河日下。为了维持局面，永安向汪伪政权实业部注册。1941年，永安公司股票上市，截至1942年资本额达“中储券”1亿元。其中，郭氏家族占有1456万元。

抗战胜利后，上海永安公司计划振兴业务，从哈同洋行处购进了老永安大楼的土地产权，并恢复了美商注册。同时向银行贷款，

着手在新永安大楼内开设国货商场。然而国民党政府对于永安在沦陷期间的表现不满，意图将其作为敌伪产业处理。经公司上层多方运动，终于打通关节，躲过了此劫。1948 年 8 月，国民党实施经济管制，冻结物价，禁止囤积。公司被迫低价抛售商品达 60 天，损失惨重。

上海解放前夕，郭琳爽经中共地下党的思想工作，决定留在上海。为了保护公司财产、维护秩序，公司职工组织了保安队，并将红旗插上了大楼最高处——绮云阁。上海解放后数日，永安公司即恢复营业。在人民政府支持下，劳资双方共同努力，共度时艰。1953 年，公司盈利 16.03 亿元（旧人民币）。1956 年 1 月 24 日，永安公司被批准公私合营，核定资产净值为 781.82 万元。“文化大革命”开始后，永安公司一度改名为东方红百货公司。1969 年 9 月，又改名为“上海市第十百货商店”。改革开放后，业务迅速恢复、重现生机。1988 年 1 月 18 日更名为上海华联商厦，成为人们趋之若鹜的时尚百货公司。2005 年 4 月 28 日，为恢复传统品牌，华联商厦复名永安公司。

（葛　涛）

先施公司[①]

19世纪60年代，先施公司创始人马应彪出生于今广东省中山市沙涌乡。幼时家境极为贫穷，度日维艰。尚在冲龄之际，其父迫于生计，远赴澳洲。马应彪上过三年私塾，略通文墨。1880年前后，他与几位同乡结伴前往澳洲，寻求生路。

到达澳洲后，他先后做过矿工，种植、销售过蔬菜。积累了一定资金之后，马应彪在悉尼接连新开了三间经营蔬菜、水果及中国广东土特产的“果栏”：永生、永泰、生泰。由于经营有道，数年后马应彪成为闻名悉尼乃至澳洲的著名华商。1894年前后，马应彪在香港结识了孙中山，由此思想发生了深刻的变化。他加入了兴中会，追随孙中山走上了反清革命之路，立志实业救国。

1900年，马应彪在香港开设了中国民族资本的第一家近代百货公司——先施百货公司。1914年，广州先施公司正式开张，取名“先施粤行”。1914年，香港先施董事会决议在上海设立先施公司，马应彪委任黄焕南具体负责筹建工作。黄焕南抵达上海后，凭借多年在英属澳洲经营商业的丰富经验，同时借重旅沪粤商的人脉，很快就熟悉了情况，以此制订了创立上海先施公司的方针。针对上海近代百货业已为外商抢占先机的实际情形，决心一定要在规

① 先施公司就是现在的上海时装公司，1956年8月，国营南京路时装商店于先施公司旧址隆重开业，1985年3月，国营南京路时装商店改为上海时装公司。

模、气势上后来居上，绝不甘为人后。黄焕南在南京路浙江路口租地十余亩作为公司用地，随即着手动工兴建。公司大楼规划为五层（后加高两层，最终定为七层），屋顶预设露天花园。公司大楼由英商德和洋行设计，顾兰记营造厂施工，历时三年方大功告成。在马应彪、黄焕南的既定方针之下，营造先施公司大楼时确乎“不计工本，精益求精”。这座钢筋混凝土结构的大楼具有两个显著的“亮点”：一是楼顶的屋顶花园施工精良，令人赏心悦目，当时上海无可匹敌者。二是大楼内铺设了完善的供暖系统，而这项技术此前不久才被引入上海。

与此同时，上海先施公司的股本也一再增扩，最终定为二百万元，成为上海经营洋货业中股本最雄厚者，令同行生畏。1917 年 10 月 20 日，上海先施公司举行盛大开业仪式，地点即位于屋顶花园——先施乐园。与商场同时开张的，还有东亚旅馆，而先施乐园

则已在此前开张营业了。东亚旅馆的内部设备也非常齐全、讲究：客房内摆放着西式家具，上下有电梯，前台装电话，有事可按电铃，夏有电风扇，冬有暖气炉；此外，冷热水龙头、男女浴室、冲水式厕所、中西餐厅、理发室、弹子房、阅览室、酒吧等一应俱全，还自备汽车、马车等交通工具，为客人提供服务。

对于上海先施公司的内部机制及经营管理体制，黄焕南在基本采用香港先施、先施粤行经验的前提下，针对上海的特殊情况，也有所创新。其中，黄焕南对于上海先施工厂的创立投入了大量心血，收获颇丰。上海先施工厂亦创立于1917年，初时仅为作坊规模。先施公司开张后，营业蒸蒸日上，黄焕南遂决意另觅新址，建设新厂。1923年，黄焕南在华德路购置土地二十余亩，历时一年余建成新厂。工厂共有职工约三百人，能制作家具、玩具、铁箱、简单机械等。先施工厂的设立，除了对于稳定先施公司的货源具有重要作用外，还日益显现出举足轻重的政治意义。20世纪20年代中叶后，民族主义运动汹涌澎湃，而“国货运动”渐成潮流，是否销售国货成为检验工商业者爱国与否的标杆。先施工厂的产品，无一例外是纯正国货。先施公司销售本公司工厂的产品，在经济、政治两方面都获得了良好的效应。

1919年，香港先施公司成为先施总公司，先施粤行、上海先施公司被定位为分公司，马应彪出任总监督。此时的先施公司，其势正所谓如日中天。上海先施公司矗立于南京路，满怀信心地迎接20世纪20年代的到来。

20世纪20年代以来，如何弘扬国货，上升为带有强烈民族情感的政治问题。上海作为近代中国工商业之都，“国货”与洋货之间的竞争表现得尤为明显。先施公司也敏锐地感受到了这个问题，

通过在报纸上刊登“先施上海有限公司征求国货广告”的方式表明了态度。除了代理销售之外，先施公司也维持着广州时代形成的传统，销售一些自产商品，种类以化妆品为主。如先施“虎”牌白兰霜，在当时就成为都市女性冬令爱用之物。此外，先施化妆品公司所产“先施”牙膏也颇受消费者欢迎，该公司第三厂即设于上海马崎路（今句容路）。“先施”牙膏号称“科学配方，护齿料剂，膏沫甘芳，自成一格”。经销环球百货是先施公司的经营宗旨之一，在此前提之下，所售商品中，无疑仍以进口货品居多。如被誉为“至高无上之礼品”的“派克”金笔，就选择先施公司作为其沪上代销商之一。

为了适应市场需求，上海先施极为注重营销手段。除了聘用女店员、维持“不二价”外，以重视广告宣传、根据需求变化调整商品、适时进行减价促销最具特色。30 年代中叶，上海先施公司的营业部门大致包括尺头部、绸缎部、绒线部、服饰部、新装部、女士部、内衣部、衣边部、西衣部、童服部、呢帽部、手套部、袜部、靴鞋部、皮货部、提袋部、地毯部、毯被部、皮箱部、光学部、玻璃部、文具部、化妆部、电器部、玩具部、五金部、罐头部、南茶部、糖果部、烟草部、家私部、照相部、图书部、运动部、瓷器部、钟表部、漆器部、杂货部、音乐部、首饰部、西药部等。设置上述部门的宗旨，在于尽可能全方位地满足 30 年代中叶上海城市中产阶级的日常生活需求。通过观察、分析先施公司各营业部门所经营的商品种类，可以对当时城市中产阶级的生活状况、消费水准有一个重要而直观的了解，亦可在相当程度上把握他们的生活情趣与品位。上海先施公司等百货公司为城市中、上阶层提供维持其生活方式的商品。公司通过提供商品，一方面维系了上述阶层的生活方式；同时又通过有意识地引进、推介商品，制造、引导消费潮流，参与了对生活方式的构建。再进而通过中、上层的示范、辐射效应，形成一种具有全社会氛围的商业消费文化环境。

太平洋战争爆发后，先施的经营日趋艰难。抗战胜利后不久，内战爆发，社会动荡、民不聊生。如此局面下，公司继续呈现衰落之势。其一表现为营业额、利润持续萎缩。其二则表现为先施公司在四大公司中的地位及影响日益靠后。20 世纪 40 年代末，先施在南京路“四大公司”中已居于末位。然而它毕竟在“四大公司”中历史最为悠久，也曾有过二三十年代的辉煌业绩，这块“金字招牌”对于顾客仍具有不可小觑的魅力，构成了先施公司得以支撑危局的重要基础。

但是在造成上海先施公司每下愈况的要素中，远在香港的先施总公司所起的作用至关重要。40 年代末，总公司实际上已抽空了上海先施公司的资金，经营管理层也大多迁往香港。1949 年 5 月，上海解放。虽然人民政府有意扶助先施公司，使其维持经营，然而由于历史遗留问题过于沉重、香港总公司态度消极，加之受到社会、经济新环境的影响，遂导致其于 50 年代初连年亏损，业务量大为减缩。自 1952 年起，先施公司陷入歇业状态，依靠出卖资产维持日常运转支出及给员工发放生活费。经香港总公司董事会决议并在中共上海市委、市政府及老闸区委、区政府的妥善处置下，先施公司的商场部门于 1954 年 12 月关闭，结束了 37 年经营环球百货的辉煌历史。1956 年 8 月，国营南京路时装商店于先施公司旧址隆重开业，这极富象征性的一幕，是南京路步入一个新时代的重要标志。

商场关闭之初，先施乐园及东亚旅馆并未随之一同关闭。先施乐园于 1958 年大跃进高潮中改建为黄浦区文化馆，对外开放；东亚旅馆则改为国营东亚饭店，继续以其烹制的美味佳肴著称于世。1985 年 3 月，国营南京路时装商店改为上海时装公司。1992 年 10 月，上海时装公司、上海市服装批发部、上海市服装鞋帽公司本部组成上海时装（集团）公司。1993 年 12 月，上海时装（集团）公司改制为上海时装股份有限公司。

（葛　涛）

大新公司[1]

大新公司创始人蔡昌，1877年出生于广东省香山（今中山）县一个贫苦农家。1891年随兄蔡兴赴澳洲谋生，开设果栏，销售蔬果、杂货。数年后蔡兴携资加入香港先施公司，蔡昌亦任职于此。1912年，蔡昌集资创办大型环球百货公司——香港大新公司，自任经理。1918年，又创办了广州大新公司。30年代初，蔡昌决意到上海开设百货公司。

1934年蔡昌为上海大新公司招募到股金600万港元，其中100万港元由广州大新公司拨款，先行占股。资金到位后，公司大厦随即动工兴建，年余竣工，楼高10层，居于“四大公司”之冠，外观巍峨壮观。负责大厦设计的基泰工程司曾发表《上海大新有限公司建筑计划大意》，从“地点”、“体积”、“地窨”、“头层”、“二三四层”、“五层至顶”、“外观壮丽”、“建筑方法”、“其他设备”9个方面介绍了大楼的概况及特色。

在开业当日（1936年1月10日）《申报》头版的整版广告中，有“本公司自建十层大厦”的插图，还有如下对联式广告语“设备电动扶梯无劳跨步　装置冷暖气管四时如春”，“推销中华国产搜罗美备　选办环球物品总汇精华”。对于公司各楼层设置也进行了介绍：“地室”（即地下商场——作者注）、“铺面”（即一楼——作

① 现为上海市第一百货商店。

者注）、二楼及三楼为商场，四楼为管理部门办公使用的“总写字间”，五楼至十楼为“游乐场所屋顶花园”。每层商场所售商品大致如下：地室“南货糖食、火腿皮蛋、参燕银耳、京果海味、五金器皿、厨房用具、搪瓷钢精、廉价货品”，铺面“罐头伙食、糖果饼干、水果洋酒、雪茄香烟、摄影机料、水瓶眼镜、文房用具、中西药品、化妆香品、西装用品、草帽毡帽、棉毛内衣、头扫梳具、手帕手巾、丝毛线袜、女手提夹、雨伞皮夹、礼券鲜花”，二楼“家私用具、皮箧衣箱、毡毯被褥、银质用品、象牙珐琅、各国钟表、中西乐器、电器料器、福州漆器、江西瓷器、玻璃洋瓷、儿童玩具”，三楼“纱罗绸缎、呢绒布尺、细毛皮货、中西服装、京苏衣边、妇女服饰、儿童服装、中西靴鞋”。

从婴儿到老人，各个人生阶段的上海人，都可以在大新公司买到相应的生活用品；不出大新公司的大门，即可享受吃、喝、玩、乐及购物的人生乐趣。这种说法，当不为过。

时任国民政府上海特别市市长的吴铁城为“大新公司开张纪念”特别题词“货畅其流”；美国驻华商务参赞安立德（Julean H.Arnold）也在《申报》刊文“大新百货公司之地位”，介绍大新，为之进行宣传。上海大新有限公司向香港政府登记注册。蔡昌任主席董事兼总监督，其弟蔡惠民任正司理，子蔡乃诚任副司理，梁秉坚任总司账，唐艺普任司库。

开业前夕，大新公司在媒体上进行了宣传。例如 1936 年 1 月 9 日的《申报》既刊登了预告“上海大新公司明日上午十时开业”的广告，也刊登了题为“大新公司明日开幕营业”的新闻报道。其中提到：其营业方针，决采薄利主义，尤注重推销国货。廉价促销成为强化经营的“利器”，除季节性减价活动外，开业周年纪念也是举行减价促销活动的大好时机。而专销廉价商品、全中国“唯此一家”的地室商场，更是大新公司推行“经济化”方针的标志。如 1937 年 1 月 10 日，上海大新公司迎来了开业一周年纪念日。当日，大新公司除“特廉货品大量推销”外，还举行摸彩，“大增雅兴”。公司并在《申报》刊发周年述怀，指出公司开业之初，“新生活”运动中“信与耻之真义为经商之对策”，“抱定诚信相孚宗旨”，推行“不二价”，并在国难当头之际，坚决抵制日货。在社会各界的大力支持与自身努力之下，营业得以“蒸蒸日上”。在提倡国货方面也大有佳绩，公司所销货品中，国货约占 70% 以上。

在管理模式与风格上，上海大新可谓中西兼容、独具一格。上海大新公司的总监督、正司理、副司理等管理层核心职位由蔡氏家族成员担任，此举使管理体制蒙上了浓重的家族经营色彩。这也是四大公司不同程度存在的“通病”。但是大新终究是近代西方模式的大型商业企业。汪伪时期的《上海大新股份有限公司章程》包括“第一章　总则”、“第二章　股份”、“第三章　股东会”、“第四章　发起人　倡办员”、“第五章　董事、监察人及总监督、总经理、副经理”、“第六章　决算与纯益之分配”。公司章程堪称公司的“宪法”，大新公司的管理是有章可循、依规办理的。在具体管理上，上海大新采用的是以近代资本主义商业企业管理模式为主、结合中国传统因素的方式。

上海大新公司的日常管理主要包括商品管理、设备管理、服务管理、人事管理、大楼管理五个方面。严格、周到、细致、严谨的风格贯穿于管理工作的始终。例如在设备管理方面，要求陈列商品的玻璃柜台务必整洁、美观，使浏览商品的顾客一览无余、赏心悦目；各商品部设置了当时极为先进的收款机器——电动收银机，收款时可将年月日、金额自动打印在发票上，该机器还可随时累加收款总数，每日结账时按动电钮即可结算出营业额。又如在服务管理方面，大新公司要求全体员工仪容整洁、着装整齐。管理层认为此举体现了对顾客的尊重，展示了服务的诚意。从各部主任开始，营业员、练习生、纠察、电梯司机、勤杂人员、送货员一律在工作时间身着不同款式的制服，观之既整齐又区别明显，令观者为之一振。为了使职工养成这种职业素养，公司还创造了一些有利条件：职工定做制服可分期付款，为职工洗涤制服提供便利，设置理发室供职工免费理发等。上海大新公司的管理模式师承近代西方大型百货公司，同时兼具中国传统商业文化的浓厚色彩。对于20世纪30年代上海的商业环境而言，这种管理模式融合了中西商业企业管理的优点，因地制宜，是公司取得经营佳绩的重要保证。

大新公司对于上海城市生活的意义，超越了商业层面，在文化上留下了深刻的印记。大新公司的文化内涵主要体现在三个层面：

一、通过日常商业经营所展现的生活文化，二、画廊展览所体现的城市艺术，三、游乐场所汇聚的大众娱乐文化。

上海解放时，虽然蔡昌已前往香港，但是大新公司的资方留守人员尚有数人。促使蔡昌召回全部资方留守人员的契机，是国民党空军于 1950 年 2 月 6 日对上海发动的“二六”大轰炸。由于公司的经营实际上业已萎缩、停顿，蔡昌召回留守人员是出于人身安危的考虑，不愿他们出现意外。而此前，公司资金已被抽空。在政府部门的组织下，大新职工组成了业务维持委员会，作为维持经营管理的应急措施。委员会成立后，曾派人赴港向蔡昌陈情，希望他能给予上海大新以支持，甚至重回上海坐镇。但是蔡昌的反应却比较冷淡。1953 年，一代商业巨头蔡昌病逝于香港，享年 77 岁。

包括大新在内，四大公司在上海解放后都面临着深刻的经营困境，其根本原因在于社会的转型。四大公司得以孕育、诞生、发展的社会环境，已不复存在。1950 年 6 月朝鲜战争爆发后，西方国

家对中国实施封锁，上海与西方的传统贸易联系基本断绝，从国外自行订购商品已不可能。此外，朝鲜战争爆发后，对待西方的社会情绪与民国时期相比，已产生了天壤之别。环球百货失去了生存的社会土壤。上海解放后，大新公司除了库存中残存的洋货，已不再继续向国外订购货品。日常销售的商品，大多为厂家寄售，国货终于在所售商品中占有了压倒性优势。

除了主营业务被迫转换之外，大新公司的顾客群体也发生了变化。昔日的"高端"客户大多流失，取而代之的是越来越多的工农大众。这些新顾客的消费需求，与以前的顾客大不相同。他们选择商品的标准是：价廉物美，经久耐用。极少出现对奢侈品、高档消费品的需求。大新公司的市场定位，迅速完成了向平民化的转换。许多从前畅销的商品现在无人购买，成为积压货品。

在这样的情况下，历来的管理体制、服务模式也遭遇挑战，与现实越发不相适应了。1953 年 9 月 10 日，历时十七年，大新公司的商场部分正式结束营业。原大新公司商场铺面等设施由国营中国百货公司上海市公司承租，上海市第一百货商店入驻。实行资本主义经营模式的百货公司商场由社会主义国营百货商店取而代之，意味着时代的转变，是一个标志性事件。1956 年 10 月 11 日，对中华人民共和国进行正式访问的印度尼西亚共和国总统苏加诺，在陈毅元帅的陪同下参观了位于南京路大新公司旧址的上海市第一百货商店，将这座欣欣向荣的社会主义商业大厦的新气象展现在世界面前。上海市第一百货商店入驻商场后，上海大新有限公司并未解散，而是继续维持了几年。在此期间，大新公司由职工组成的管理委员会担负日常运营的责任，主要的收入来源是中国百货公司上海市公司支付的商场租金，以及游乐场的营业收入。随着 50 年代初、中期社会生活趋于稳定，上海市民又有了享受娱乐生活的闲暇、财力与心情。大新游乐场在某种程度上恢复了昔日的盛况，但是演艺节目的内容与往昔大不相同，主要是歌颂、反映新时代的生活与精神风貌。如大新游乐场曾上演过歌颂因保护国家财产而英勇牺牲的英模向秀丽的同名沪剧，以及京剧《海瑞》等。

1956年，上海大新有限公司实现公司合营。公司合营后的大新公司，主要包括总管理处以及游乐场两部分。游乐场占用公司大楼的六、七两个楼层。1960年，大新游乐场停止营业，其场地交由上海市第一百货商店使用。自此，上海大新的名号，消逝于历史的长河之中。

（葛　涛）

翁隆盛茶叶店

翁隆盛茶叶店，现地址位于南京东路388号，1738年（清乾隆三年）创办于杭州，1938年移至上海，1949年之前是上海茶叶店行业中最老牌的店。

1738年，杭州的翁家山出资创办了翁隆盛茶叶号。“翁”是姓氏，“隆”和“盛”字是根据民间的一副对联“生意兴隆通四海”，“财源茂盛达三江”各取上下联的字，象征事业兴旺发达：当时以经销杭州西湖的本山龙井茶为特色，兼营杭州的土特产小胡桃和藕粉。

至1938年，该店已由翁氏后裔翁海忠掌管。由于抗日战争全面爆发，迫于日寇的侵略以及当地流氓和地痞的敲诈，杭州大部分有实力的资本家均迁至上海租界避难。翁海忠考虑到安全和业务发展的需要，于1938年4月在上海南京东路388号现址开设了上海“翁隆盛茶号”。当时以100根金大条顶下店面，300根金大条用于进行装修、添置固定资产和开业后的流动资金，翁海忠自任经理，职工15人。根据茶叶的淡旺季节的需要，不定额地雇佣8至15名拣茶女工。

上海的新店仍保持原有经营特色。为了创牌子，树信誉，每年在新龙井茶上市季节，天天将一定数量的新茶以低于市价30%的售价应市，招徕顾客。由于茶叶货真价廉，取信于社会，营业蒸蒸日上。直至1949年的十多年中，尽管经历了抗日战争、金圆券贬值和国民党限价政策等困难，由于业主资金雄厚，经营有方，一直能保持稳定的经营状况。此外，位于河南北路上的“翁隆盛茶号”参加1915年的巴拿马万国博览会，赢得茶叶特等奖，1926年参加费城世博会赢得甲等大奖，毛巾香粉独占鳌头。

翁隆盛茶号上海分号主要生产经营“狮球”牌西湖本山龙井茶，兼经各地土特产。初到上海时，为了在市场上创出牌子、建立良好的社会信誉，翁隆盛茶号在每年新茶上市的季节，总是拿出一定数量的新茶，以低于市场价10%的优惠价吸引消费者。许多上海人原来就了解这家百年老字号的经营之道，如今又亲眼看到该茶号销售的“狮球”牌新茶货真价实，所以很多顾客都慕名前来选购。翁隆盛茶号上海分号在沪上可谓产销两旺，获利丰厚。

查阅1933年11月由上海中华书局出版、国民政府实业部商标局编印的《东亚之部·商标汇刊》第1149页和第1153页，发现翁隆盛茶号注册的“狮球”牌商标图样，内容很详细。商标图样上面有“狮球商标”四个字及狮子图案，下面球体内还注有篆文“耀记”两个字。翁隆盛茶号对印制含有“狮球”牌商标的产品包装纸过程，也有严格规定。如他们请当地益山房独家印制，印完规定数量后，马上收回模板，以防商标包装纸多印外流。产品商标也有专人保管，一件一品直接贴在产品上。由此可见，20世纪20年代末该茶号产品商标管理之严格程度，以及国内茶叶行业竞争之激烈程度。为了防止其他茶叶产品广告违法冒充，为此，翁隆盛茶号一方面向当地政府控告同行的违法仿冒，另一方面及时向当时的国民政府实业部商标登记注册机关呈请注册用于茶叶产品上的“狮球”牌商标，以寻求国家商标法律的保护，获得第16450号商标局商标注册证。翁隆盛茶号还于1933年刊印《为中外市场冒牌充斥敬告各界书》，郑重声明该茶号以“狮球”牌为注册商标。

该茶号在经营上有独到之处，对茶叶的采购、加工、拣选、包装和保藏方面都有一套严格的管理方法：譬如每年派员进山采购茶叶，清明前至立夏后的四五天为进货期限，逾期不收，以确保茶质叶嫩，茶叶的加工炒制很讲究火候，一丝不苟。加工后的茶叶形状平整，色泽青翠，香气浓郁，茶味醇厚。在服务上非常灵活，千方百计方便消费者。所以，销售方式也灵活多样，有门售、送货上门、邮购等。门市的销售对象中有公馆帮，知识分子和戏剧名伶。于是开设电话订货送货上门的业务。为了突出企业的形象，在选择电话上也独具匠心，以高价向电话公司选用“97666”（是专吃绿、绿、绿的谐音），为了争取客户，对购买高档龙井茶，或一次购买数额较大的还进行优惠，即随货赠送蜜饯和糖莲心等食品，以资酬谢。此外，海外邮购业务也占很大比例，主要系华侨聚居的东南亚国家。如新加坡、缅甸、泰国、印度尼西亚等国家。

解放后，茶叶被列为国家二类物资，实行了全国性的统销改革，货源全部由国营中茶公司计划分配。1954 年 7 月在社会主义改造阶段，翁隆盛茶号主动接受中茶公司的歇业清理，全体职工均由中茶公司妥善安排工作。1955 年，上海市和黄浦区的中茶公司为了整顿改造南京路市容，将汪元泰茶叶店和春记茶叶店以投资合伙的形式在翁隆盛原址合并经营，货源全部由中茶公司提供。

1978 年在对外开放、对内搞活政策指引下，翁隆盛茶叶店摆脱了多年来计划分配的经营模式。从 1984 年起，重新开业后，适应市场需要，恢复了经营特色，自行去产地采购。由于减少了过去集中收购、调运、调拨、批发等一系列中间环节，减少了损耗，不仅降低了成本，大大提前了新茶上市的时间，也为消费者带来益处，提高了企业的经济效益。

该店根据市场需求状况，认为原本以杭州西湖本山龙井茶为唯一特色的经营模式，已不能适应消费需求，便与西湖地区的狮峰、梅坞、龙井、九溪、龙坞等正宗龙井茶产地挂钩，建立了常年的供销关系，恢复了历史的经营特色，发展了品种规格。随着改革开放的深入，全国各地来沪的旅客、海外侨胞和外宾逐年增多，纷纷慕名光顾“翁隆盛”，使该店名、特、优的绿茶、茉莉花茶、乌龙茶供不应求，该店就先后与福建省海安县、福州市等地的五家茶厂和茶叶公司合作建立茉莉花茶生产基地。1994 年 9 月，针对市场不景气的实际状况，努力弘扬民族茶文化艺术，与江苏宜兴合作改变了经营格局，在商场内开辟了专营紫砂茶具、陶器和工艺品等专柜，获得良好的社会效益和经济效益，上缴税利 36 万元，比往年上升 10%，使“翁隆盛”这块金字招牌更为闪亮。

（江文君）

程裕新茶号

上海程裕新茶号现位于浙江中路56号，是一家具有一百多年茶叶经营历史的中华老字号。该茶号早年生产的“新字”牌等茶叶，为国内茶叶市场上的佼佼者。该茶号以常年销售徽、浙、闽等地名茶而闻名于沪上，且在20世纪二三十年代国货展览会上，多次荣获各种大奖。

据有关茶叶生产史料介绍：我国茶叶种植和饮用已有四千多年的历史。早在西汉时期，茶叶在我国就已成为大宗商品。在上海地区开设茶叶店，也有三百多年的历史。经统计：19世纪末20世纪初，本市已有各种大大小小的茶行、茶号、茶栈和茶叶店等五十多家，且大多分布于水陆交通便捷的南市大东门、十六铺一带。

程裕新茶号由安徽绩溪县茶商程有相先生创办。该茶号初设于上海南市老城厢内大东门里咸瓜街251号（南段）。创办茶号前，程有相早在乾隆、嘉庆年间，已在上海南市大东门一带开设茶叶店，从事茶叶经营活动。在传至他的孙辈程汝均时，即清道光十八年（1838年），又增设程裕新茶号。程裕新茶号以茶叶批发为主，兼门市零售。

程裕新茶号由于经营有方，茶叶品种花色多、品种全、质量好而获利丰厚。该茶号为了扩大经营面积，又不断在本市开设多家发行所（分号）。如第一、第二发行所设在五马路（今广东路）贵兴里，第三发行所设在六马路（今北海路）东新桥北首，第四发行所设在静安寺路（今南京西路）731号。之后，又开设第五、第六发行所。

程裕新茶号在“新字”牌茶叶等日常销售方面，始终坚持货真价实，且一直保持程氏家族的经营特色。如每年春季临近茶叶采摘时节，茶号都要选派精通业务、鉴别能力强的行家里手，去产地看样选购，其中包括茶叶的采摘、加工、运输及上柜销售等“一条龙”的流程。在茶叶进货时，严格执行眼观、手摸、鼻闻、开汤和口尝等检验方法，牢牢把住茶叶质量关。在茶叶保管方面，也采取严密措施，即对各个品种的茶叶分类储藏。对于一些高档品种茶叶，则采用装入铁皮箱或密封陶罐内的方法，使茶叶一不受潮，二不串味。在茶叶种类方面，如每年3月15日左右，最早的新茶就开始在该茶号上柜，其品种有：浙江乌牛龙井，福州春风银毫、早春香和雪芽等。再过一段时间，安徽黄山银钩、黄山毛峰和黄山雨前等新茶也源源不断地进入店堂，销售给广大顾客。程裕新茶号的低档茶叶，主要销售至本市的茶楼、旅馆和浴室等公共场所，而高档茶叶的销售对象则为政府官员、社会名流、达官贵人等上层白领，且多数是电话预订，送货上门。

早期，程裕新茶号使用的茶叶产品商标有“狮球”牌龙井茶、“福禄”牌花茶和“松鹤”牌红茶等，其他还有芝兰甘露茶、真蔷薇茶和保肺咳嗽茶等，其中又以该店注册使用的“新字”牌茶叶商标，在社会上的知名度最高。由于程裕新茶号生产的“新字”牌等茶叶品质精良，曾先后荣获1921年度上海总商会第一次展览会金质奖章。1925年，获上海总商会商品陈列优等奖及北洋政府农商部最优等奖。1932年，又获得江苏省地方第二次展览会银质奖章。20世纪20年代初，程裕新茶号的名牌“新字”花茶等，除了在国内各地畅销外，还一度销往东南亚的马来西亚、新加坡等国。其间，每年远销至美国市场，也有五百多千克。20年代后期，程裕新茶号为了进一步扩大营业面积，决定将总号迁至浙江路（今浙江中路）。而新搬迁的店招，则是该店业主邀请我国近代中外知名的学者胡适所题写的，这在当时上海众多百年名店、老店中，可以说是绝无仅有的一家。更耐人寻味的是“程裕新”与大文豪胡适之间的千丝万缕关系。胡适的出生地，据有关学者考证应在里咸瓜街南段，是一幢正两假三层楼房，现影踪全无，想必也是在城市建设和发展中被拆毁。宋广波的《胡适红学年谱》（黑龙江教育出版社2009年1月版）记载：“光绪十七年十一月十七日（公历1891年12月17日），胡适出生于上海大东门外程裕新茶叶栈，取名嗣穈，乳名穈儿，后来读书时取名洪骍。是年父胡传五十岁，母冯顺弟十八岁。”

“程裕新”这家茶号的店招是民国时代由胡适题写的，那时这家茶号刚迁来这里不久，而胡适正当壮年，在大学中教书，租住在店后那条弄堂中。每天教书回来，总要在这家茶号的店堂中坐上一会，喝一杯茶。据有关史料介绍：大名鼎鼎的胡适先生之所以能为一家老字号程裕新茶号题写店名，确实有着很多方面的缘故。如胡家与程家同为安徽绩溪人，且两家几代人长时间一直交往频繁，关系甚为密切。胡适先生早年在他的《四十自述》一文中，曾这样写道："我生在光绪十七年十一月十七日（1891 年 12 月 17 日）。那时候，我家寄住在上海大东门外。"胡适先生所说的大东门外，实际上就是暂住在程家所经营的程裕新茶号内。有一次上海亚东图书馆老板、胡适好友江孟邹请胡适吃饭。席间，胡适随意问起江孟邹的籍贯，江氏答道："三代之前是浙江平湖，但吾是出生在上海县城大东门内。"胡适一听"大东门"三个字，非常兴奋，说自己也是"出生在大东门外程裕新茶叶栈内"。

由此看来，胡适先生为程裕新茶号题写店招，就一点也不奇怪了。他自己都说是出生在程裕新茶号内，对程裕新茶号当然是有感情的。对于程裕新茶号业主请求题写店招这件举手之劳的事情，胡适怎么会推脱呢？另外，胡适的另一好友、《银元时代生活史》作者陈存仁医师曾回忆说：在 1927 年 6 月间，他与胡适先生走访过位于大东门里咸瓜街南段的程裕新茶号。从 1929 年程裕新茶号第三分号编印的介绍国内茶叶种植及饮用等科学常识、评述徽茶及各地名茶价格等为内容的内部出版物中，也看到有胡适先生题写的"恭祝程裕新茶号万岁"的字样。由此可见，胡适与程裕新茶号的几任业主，在生活、文化等方面的渊源颇深，绝对非同一般。

抗战时期，由于上海市与浙江、安徽和福建等地经常交通中断，茶叶进货渠道发生较大困难，致使程裕新茶号的"新字"牌等茶叶进货受到前所未有的影响。特别是 1941 年 12 月太平洋战争爆发后，日军侵占上海租界，本市市民纷纷外出避难。社会不稳，人心不定，市场萧条，程裕新茶号的"新字"牌等茶叶销售同样也是一落千丈。

上海解放后，程裕新茶号获得新生。近年来，为了保证茶叶色、香、味的质量，程裕新茶号又不断改进茶叶包装技术，以解

除嗜茶者新茶难保存的后顾之忧。现在的程裕新茶号，楼下是店堂，专门销售来自全国各地的西湖龙井、祁红毛峰、碧螺春等上等茶叶。特别是新茶上市，香飘满屋。楼上则是有一百多平方米的茶室，供茶客们在那儿尽兴品茗。在那儿可以常见不少文人、画家、艺术家在论诗、谈画，切磋艺术。当然，也有不少其他常来的茶客，在茶室里静心坐上一两个小时，也是一种享受。这间茶室，在早上供应大众的早茶，一壶茶和一碟点心，仅花掉人民币几元。下午的品茗时间，由于茶叶的规格较高，因此一壶茶的收费自十元至数十元不等。

（江文君）

汪怡记茶叶公司

汪怡记茶庄，现地址位于金陵中路32号。光绪六年（1880年）创建于上海八仙桥（现金陵中路28号）。创办者是安徽人。该茶庄以经销全国各地优质名茶和杭白菊、贡菊著称，享誉日本、东南亚及港、澳、台等地区。“汪怡记”经营茶叶，花色繁多，有色绿、味甘、香郁形美的绿茶，如西湖龙井、洞庭碧螺春、太平猴魁、黄山毛峰、开心龙顶、江西的凤凰毛尖、四川的竹叶青等；有浓香洌口的祁红金毫、云南滇红；有风靡市场的乌龙茶等珍品。该店还备有各类保健茶，以及造型各异、玲珑悦目的宜兴紫砂茶具、江西景德镇茶具等。

上海汪怡记茶艺馆于1991年9月24日开馆，与创建于1880年的汪怡记茶庄同在一幢楼。底楼为商场，经营全国各地名茶，批发兼零售，并举办名茶、礼品茶、精美茶具、工艺品展销。二楼的茶艺馆格调高雅，民族气氛浓郁，设椅108只，寓意茶寿108岁，在此可品尝名、优、特佳茗，风味茶点，观赏茶艺、茶道表演。该馆也有一支技艺娴熟，颇具特色的茶艺表演队。开馆以来，接待过多批海内外茶艺表演队和上海及全国的科技界、文艺界著名人士，上海人民广播电台空中茶馆在此录制品茗专题节目，上海电视台多次在此拍片向市民介绍茶文化。特别是1992年上海黄浦旅游节期间，设在该馆的第二届中外茶文化交流活动新意迭出，丰富多彩，日本、韩国、新加坡和中国台湾地区、中国香港地区茶艺表演团体在开幕式上表演茶艺，福州市茶艺队的乌龙茶冲泡技艺、江西婺源茶艺队的村姑茶、上海市茶叶进出口公司的清朝贡茶也依次表演，还推出了“名人谈茶”、“茶艺与茶具”、“茶艺与插花”等系列

活动。

建于1880年的百年老店“汪怡记”现在以崭新的形象迎接四方茶客：仿古的门窗，富丽的宫灯，镶有贝雕的巨型屏风，名人字画，广漆八仙桌配椅子，空调、音响，两侧还辟雅室……汪自鹏经理说道：中国乃茶之故乡，饮茶乃国粹文化，其历史可上溯到唐代，可今天言茶道竟必称日本！“汪怡记”兴茶艺馆，正是为了拯救洋饮料冲击之下日渐式微的中华茶文化。

1991年4月，在上海市政协七届四次会议上，台盟上海市委提交了一份《关于提倡国饮，推广茶艺馆（室）》的提案，提案建议：为丰富发扬民族文化，陶冶人民情操，提高人民素质，有利于增加高尚的休息娱乐场所，应多宣传提倡国饮，开设茶艺馆（室），以利茶文化在上海的发展，以利增加旅游特色，振兴茶叶和茶器行业，以利于与日本等国开展国际文化交流。提案的提出受到了市政协领导和相关部门的高度重视。同年8月，市政府财贸办公室、市茶叶公司、新亚集团就提案的落实与台盟上海市委进行磋商，在一年不到的时间里，即在金陵东路177号上海茶叶公司底楼（原汪裕泰茶庄旧址）开设了汪怡记茶馆。11月，市政协提案委员会专门组织部分委员视察了汪怡记茶馆开设的茶艺馆，并通过台盟上海市委邀请范增平先生在现场演讲和表演。范先生的演讲和表演使众多委员对中华茶文化的精髓和底蕴有了新的认识和理解。上海市政协副主席王兴、台盟上海市委副主委范新发等在现场作了讲话。这次活动不仅加深了两岸人民的交流与互动，更是为弘扬中华传统文化起到了积极推动作用。

（江文君）

吴良材眼镜店

吴良材眼镜店，现位于南京东路297号。早年，上海南市方浜路的马姚弄弄口有家眼镜店，铺面10余平方米，店员6—7人，店不大，但招牌外挂“吴良材眼镜店”，内悬康熙五十八年“澄明斋珠宝玉器号”，成为一店两名。

这缘于“澄明斋”除经营珠宝玉器外，还兼营天然水晶、茶晶眼镜的业务。到嘉庆十一年（1806），传至店主吴良材手中，鉴于眼镜业务利润颇丰，遂舍弃珠宝玉器，改为专营眼镜的店铺，并对外以“吴良材眼镜店”作为店名。鸦片战争之后，上海辟为商埠，该店业务开始兴旺，遂于1929年前后自盖新房于西首附近的光启路口。1935年，这家店于南京东路现址设立总店以图谋发展。而方浜路上的老店延续至50年代后期方才撤销，至今老店遗址仍依稀可辨。此中经过如下：1926年，吴良材眼镜店传到了吴良材的第五代孙吴国诚手里。他继承了祖辈传统服务经营特色，同时毅然决然地摘下了“澄明斋”招牌，使吴良材成为专营眼镜的专业店，并盖房扩建。1929年“吴良材”迁到了光启路。1932年，吴国诚以5000块银元的代价盘下了南京东路六合路口的一家上海眼镜店，开设吴良材眼镜分店，后因大新公司（今中百一店）拆房停业。1935年吴国诚又以6000块银元的代价，租下南京东路297号二开间店面房子，将南市方浜路的总店迁移至此，并投资购置了先进的验光仪器和研磨镜片的机器设备，增辟了专业加工车间，从此吴良

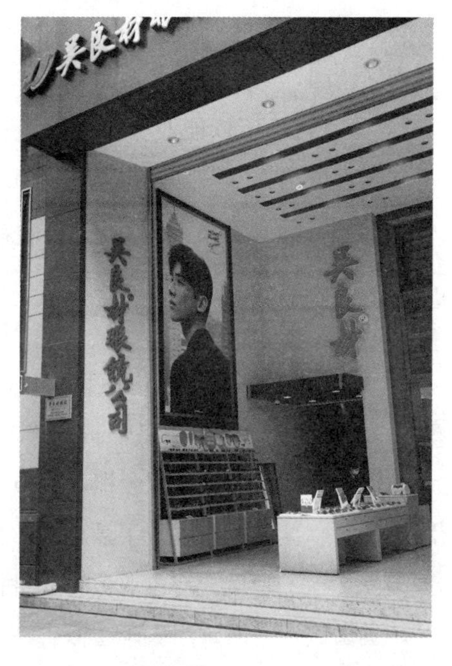

材结束了原始手工研磨镜片的加工方式。抗战胜利后选派员工赴美国学习眼镜行业专业技术，并从美国购回最新的全套验光仪器和新式自动眼镜片研磨机器。由于配备了较先进的设备和技术人员，除了做好零售业务，还加工生产眼镜，远销东南亚各国。同时首创独家经营无形眼镜（亚氏牌全角膜接触镜）业务，轰动沪上。由此“吴良材”进入盛期。

吴良材制作眼镜非常重视质量，所以某眼镜特别受到顾客的欢迎，生意非常兴隆。慈禧所宠爱的“女官”德龄公主，曾在她的著作中，记载到她曾到吴良材眼镜店买过眼镜的史实。她认为吴良材的眼镜货真价实，名不虚传，十分赞赏。从这段纪实中，人们可以看到，早在嘉庆、道光年间，“吴良材”已在全国名闻遐迩了。也正因此，惹得一些在上海县城内摆眼镜摊铺的小商小贩，见了眼红，想法制假售假，假冒吴良材眼镜，招徕生意，一时闹得真假难辨。面对蜂拥而来的假冒伪劣眼镜，吴良材的“反击”，便是利用自己的绝技，在每副自产的吴良材眼镜架上凿刻“吴良材制”四个仅半粒米大小的字样。顾客见识了吴良材的超群技艺后惊讶不已，连声称赞“功夫了不得”。在眼镜架凿这四个字吴良材原来只是想用来辨别真伪的，可万万没有想到，这四个字却成了店名的广告，一传十，十传百，吴良材的名字就这样传开了。传遍中华大地，传至南洋诸国，从此名声大振。

“吴良材”所以能业务振兴和声誉日隆，主要靠恪守信誉，货不二价，取信于客户。早年出售的眼镜，每副都系上一根红丝线，挂上标签，标明价格，并明示：“只要标签未剪下，如不称心均可退换，不限日期。”又特辟旧水晶、茶晶镜片的折价回收或以旧换新的业务，深受顾客欢迎。

“吴良材”立足于闹市南京路后，为适应与洋商同业竞争，便大力发展技术和更新设备，提高产品质量。以当时的技术设备而论，该店在全国也算首屈一指。1940 年，又开设分店于南京市太平路，从而“吴良材”进入了鼎盛期。吴良材生意兴旺，在同业中遥遥领先。除了利用其特色服务和先进技术外，还与其合理管理分不开，吴国诚一方面重用大学工商管理系毕业的高才生任经理，对工人则实行计件超产办法，另一方面实行职工退休金制度，这在同业中属创举。吴良材的职工福利待遇在全市眼镜业中最高，因此职工都不愿离开。当时的职工增至 50 人左右。营业数额 1000 多万元，为同业之首。1946 年重又在南京的太平路开设了分店。至解放后南京吴良材与上海吴良材脱离关系。

50 年代后期，吴良材眼镜店曾输送优秀技术人员多名支援上海照相机厂和中科院上海光学仪器研究所，为填补我国光学仪器的空白贡献了力量。1956 年公私合营后，吴良材在发扬光大经营特色的同时，不断更新技术设备。当时接受中国人民解放军总后勤部委托，在有关方面的配合下，试制成功我国第一副空军用的航空防风镜，还为上海照相机厂试制成功了我国第一架照相机的镜头，为我国填补了光学仪器生产的空白。吴良材向以验光准确闻名，在验光质量上精益求精。1979年在全国首家引进美国电脑验光仪，建成现代化电脑验光室。验光师通过电脑验光所提供的检测数据，再结合手动检影验光法复核，所确定的屈光度准确无误。

该店一贯重视验光配镜质量，拥有经验丰富的专职验光师和先进的仪器设备。1979年首家进口电脑验光仪，能妥善解决高度近视、远视、高度散光，二眼不同视力等各种疑难屈光异态的配镜问题，在全国及海外颇有声望。每逢旺季，许多顾客一清早就在店门前排队等候验光。

近年来，老店呈新颜。并在上海金陵东路417号开设了分店，又在泗泾路另辟工场，添置机器设备。商店本部已从二开间店面扩展成为六开间，底层设立隐形眼镜专室，汇集国内外多种名牌隐形眼镜，如美国“博士伦”、“海昌”和“科大一龙牌”等，任客选用。还专聘眼科医师驻店，制订一套隐形眼镜的配戴规则，即售前眼部检查，售中指导使用方法，售后跟踪服务，以及建立售后3个月复检的保健卡制度。40余平方米的“精品室”，展列世界最新颖的眼镜架，其中高档的从千余元至近万元一副，新颖别致，蔚为大观。为了坚持“以卖带修”的传统，店里修配专柜由2人增至6人，新添置高频焊接机、超声波清洗机等设备，扩大修配服务项目，月修配金额也上升为万余元，增长幅度近10倍。此外，他们还设有邮购部，专人负责为全国各地购买者服务。目前，商店除经营顾客定制或现购的各类光学镜片的眼镜外，仍保持传统的茶色、水晶眼镜的供应。基于该店具有专特齐全新的特色，被列为全市特色专业商店。

对于吴良材来说专业技术是品牌生存的基础，强调以技术作为竞争力，力争对技术、产品的开发有所创新，而且更加注重核心技术的研制。“吴良材”始终坚持高科研创新高科技的品牌发展理念，

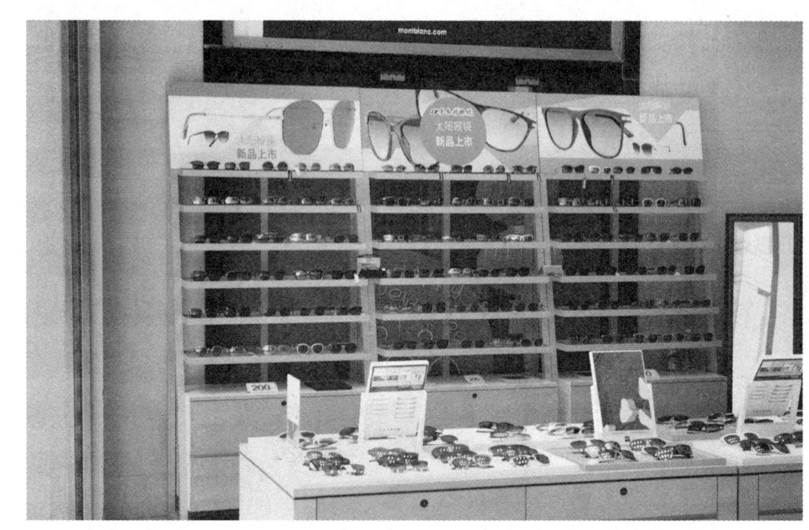

近年来吴良材先后获得了青少年渐变焦点镜和树脂片去毛复新两项专利成果，保证了验、配镜的高质量。在此基础上，继续技术创新之路，以消费者的实用需求为主要突破，研制开发了全新的中近距离兼用的吴良材宽视宽屏渐变多焦镜，这一高科技产品面市后深受广大使用者的欢迎，也成为眼镜业的又一项重大的创新之举。当代的吴良材眼镜已成长为一个具有时代气息的现代化品牌公司。继2002年“吴良材”被评为“上海市著名商标”之后；2003年被上海市消费者权益保护委员会和上海市精神文明建设委员会评为“上海眼镜业首批服务诚信先进单位”；2004年“吴良材”荣获“中国驰名商标”称号，成为了全国眼镜零售业中唯一获得中国驰名商标的企业。我们坚信“吴良材”正在用不断彰显的品牌魅力，书写更为辉煌的吴良材品牌新篇章！

（江文君）

茂昌眼镜公司

茂昌眼镜公司现位于上海市南京东路762号。旧上海的《新闻日报》、《申报》以及电话簿的封底，常年登载有“茂昌眼镜公司”的广告。电影院、剧场等场所，“茂昌”的广告也屡见不鲜，社会上一度有“茂昌是以广告起家”的传闻。然而此种说法未免失之偏颇。试问单纯靠广告为号召，创功立业能维持数十年吗？

在过去90多年来之所以能成为上海三大专业眼镜店之一，茂昌靠的是独树一帜的经营特色和新型的仪器设备，以及精湛的制镜技术。因此“茂昌”跻身南京路短短几年就后来居上。“茂昌”1923年创设于南市老北门旧仓街，以经营批发业务为主。其经营的自制

白锑镜盒，以及博士架及各类整打成批眼镜远销东南亚各国。1935年迁居南京路云南路路口，翌年设分店于霞飞路（今淮海中路）。1947年随着业务的发展，再迁至南京东路现址。

商品备货足、品种档次齐，大小生意兼顾、零售批发并举是“茂昌”的经营特色。当时的德国蔡斯镜片由其独家经销，高档的K金镜架、“雷朋”镜等花色繁多，不仅可任客选购，还可大量供同业批购。同时还出售价格低廉的“学生眼镜”。“茂昌”的服务方式多样，一般的小修小配实行免费服务，首创电话购货，派员送货上门。夏令太阳眼镜应市，送货尤为忙碌。

茂昌眼镜商店原以批发为主，后转向门市零售。20世纪40年代开始在南京路设总店，并设分店多处，产品运销全国和东南亚等地。该店重视商品质量，注意经营方法，如成立以眼科医生为顾问的护目协会，请专人收集商业情报并采用按发票号定期开奖等招揽顾客的办法。

解放后，该店面向大众，致力于门市经营。1956年公私合营后，零售业务逐年上升，验光室由原来两间增为六间，并采用红外线自动验光仪，此外，还设置了割边工场和2个磨片车间。镜片镜架备货充足，花色繁多，尺寸齐全。既可验光定配，也可凭医师验光单定制镜片；简单光镜，现配现卖；太阳眼镜入令应市；深光空、双光镜均能定制；还设有邮寄服务部，外地来沪顾客要配眼镜，只需验好光、办好手续，保证按期寄给。此外，还为工矿、企业、机关、学校等集团采购单位服务，并办理全国代购，代办装箱托运业务。1956年，该店的资产总额达黄浦区眼镜业（28户）总额的三分之一强。进入60年代后，“茂昌”在做好门市供应的同时，还经常下工厂、下学校、下农村为团体服务。每逢近郊的庙会和集市日，他们必到。为适应工矿企业生产需要，它增加了防射线、激光、电焊等各类防护眼镜的经营，并被指定为上海市集团采购供应单位。

1982年该店营业面积240余平方米、工场面积430平方米，共有职工186人，其中工场100人，自产眼镜11万副，产值59万元，年销售额232万元。80年代的“茂昌”，为了做好市场供应，接待更多顾客配镜，扩大了商店和工厂，验光室从二间增辟为六间。近年来又增加了“海昌”隐形眼镜项目，并成为“海昌”(中美合资企业生产）隐形眼镜的代理总经销处。为了保证安全，该店聘任眼科医师为配制隐形眼镜的顾客作售前咨询和测定，以防止配戴事故。早年轻巧而精致的光边眼镜，国内已多年不生产，原因是光边眼镜的做工要求十分精细，两个镜片不仅厚薄磨得均匀，即使光度左右有别，尺寸大小左右对称，镜片边缘还须光滑圆润而丝毫不显切割痕迹，然后还得用金刚钻钻头在片上钻孔4颗，并装上金丝边镜架才算完成。如此难度大而要求高的无边眼镜，到90年代，唯独“茂昌”还能承制。又如双焦点兼合的无形双光眼镜，目前市上有售的多为简单光度的现成镜（上为平光，下为老花），如果定制含有散光的无形双光镜，一般均感棘手，今日也只有“茂昌”具备这种独特的研磨工艺和特殊弯形的磨具，可以承制复杂光度的无形双光眼镜。“茂昌”十分重视充分发挥老技师们的精湛技术和培养新手，以保持研磨精良的传统特色，为社会多层次消费者服务，因此，它被列为上海市特色专业商店。今天茂昌眼镜公司的南京东路总店在全国眼镜专业店中是单店零售额最高、眼镜配制量最多的企业。从20世纪90年代开始，上海的眼镜市场竞争日益激烈，既有老牌国有商店，如茂昌、吴良材、红星等的国内竞争；还有外资

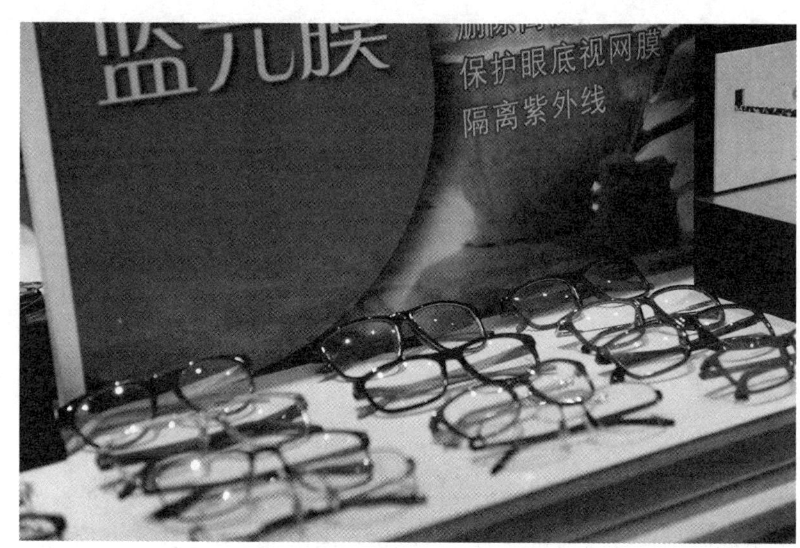

商店进驻上海的中外竞争。而茂昌眼镜公司历经近一个世纪经久不衰，创造了无数辉煌，正是得力于这眼镜老字号的与时俱进，在科技方面的领先成就。

眼镜的选购不同于一般的消费行为，其中包含了很高的技术要求，这也是“茂昌”最值得骄傲的地方。“茂昌”拥有国家级的高级验光师和先进的镜片研发技术实力。拥有“国宝”级验光师何志聪，十佳服务明星、国家级高级验光师蓝金康等一批技艺精湛的人员，为验光配镜严格把关。

“茂昌”创新提出暗室验光三步骤，即第一步电脑初测，第二步暗室检影，第三步试戴矫正。避免电脑验光可能产生的误差；推出“视力记录卡”服务，所有在“茂昌”验光、配镜的消费者都可以享受茂昌眼镜店的长久跟踪服务，拥有“视力记录卡”的会员可凭配镜发票到“茂昌”享受免费复光服务，还能第一时间收到“茂昌”的优惠活动等信息。对于消费者来说，到“茂昌”配眼镜并不仅仅是一次消费，更是一种放心和安全的体验。茂昌人深知，要塑造打得响、站得稳的商标必须要有绝活，只有靠科技创新，不断提升商标技术含量，才会有光明振兴之路。早在1998年，“茂昌”就率先获得青少年渐进多焦距眼镜片实用专利证书。2000年，又获得了树脂眼镜片表面膜层修复（去毛复新）的发明专利证书。

随着茂昌科研小组的日趋成熟，“茂昌”逐步加快了科技前进的步伐。在2004年10月，“茂昌”推出了美轻薄远视镜片，成功地解决了老光镜和远视镜又厚又重的问题。

2005年，“茂昌”又全面、大力度地推出了超耐磨762钻洁镜片，这种镜片的内在及膜层的硬度均达到了7—8H，一般的镜片最高只能达到6H，而且该膜层防水、防雾的能力均优于以往的膜层。同时，镜片的透光率也很高。光线通过率达到98%以上，有效起到了减少反射光的最佳效果，透过镜片看事物更明亮更清晰。由于该镜片质量不亚于国外进口镜片，成为国内不少消费者的首选产品。目前，该技术也已获得国家专利。

2006年4月，“茂昌”又推出一种体现眼镜业当今国际最高科技水平的新产品——2H1内渐进多焦点眼镜，这种新型眼镜相比传统的渐进多焦点眼镜，使配戴者的视角增大20%，而线形畸变减少30%左右，从而获得更趋自然的完美视像、更加完善的辨识效能和更为舒适的配戴感觉。

（江文君）

精益眼镜商店

精益眼镜商店，现在位于上海市南京东路465号，是南京路老品牌。这是中国人开办的第一家专营新式眼镜的商店，当时称作中国精益眼镜公司。20世纪初，在买办投资创办近代企业的同时，一些洋商企业的高级职员，也将其学到的西方技术、管理经验加以移植，自己集资创办企业。1911年，曾在美商高德洋行当过职员的张士德、刘致祥等人筹资开设精益眼镜公司，这是国内第一家采用西方验光技术及机器磨制技术制作镜片的企业。“精益求精”，这一成语出自《论语》。所谓“如切如磋，如琢如磨”，益求其精的治玉方法，正是制作眼镜镜片的质量要求，也是上海精益眼镜商店的立店之本。1911年，在上海大马路（今南京路）劳合路（今六合路）口，新开设的一家国人创办专营眼镜的“中国精益眼镜公司”，店名选用上述成语的首半句，深富涵义，既切合制作眼镜的特征，又标志产品的精良，确为绝妙的市招。该公司使用的仪器设备和原材料，全部由美国进口，是爱和公司的品牌货。由于设备先进，开业的第一年营业额就高达20万大洋。

诚然，光是店名佳，尚不足以使店家兴旺发达。“精益”所以能崛起于当时“十里洋场”的租界区内，并堪与洋眼镜商相匹敌，主要靠产品精益求精而一举闻名。该店研磨的镜片厚薄均匀、平面光滑、光度准确，产品与店招名副其实。其产品曾于1915年获巴拿马万国博览会奖，又于华洋物品会、农商部展览会、广州博览会等会上多次获奖。“精益”一开业，即采用新的科学验光和机械研磨技术，并大力培养专业人才，推动了我国眼镜行业的发展。早年定有店规，凡进店学徒，一律先至工场学习研磨、切割等手艺，技熟后再往门市学装配，定配、校配等技术，藉此全面地掌握眼镜业务知识和操作技术。倘有所贡献的，还给予进一步学习机会，乃至从事验光工作。故而业内后期，凡全面精通业务技术的老一辈职工中，以“精益”出身为多。

当年，北洋政府工商部长张謇倡导兴办实业，颇闻“精益”之名，派人到上海相邀，不久，在北平开设了第一家分店。翌年，又陆续在香港、天津、济南、青岛、沈阳、大连、哈尔滨、南京、苏州、杭州、汉口、广州等各大城市先后设立分店。其声势之大，在眼镜行业中无出其右。抗战胜利后，国民党的一些军政要员如孙科、李宗仁等，都到上海精益眼镜总店配过眼镜。原因是他们制作的各式眼镜确实精益求精，特别是对镜片的研磨，精工细作，严格把关，因此产品厚薄均匀，平面光滑，度数准确。此外，《申报》还为精益眼镜所作的广告说：“人身上的福分，就是眼福和口福。”它明确地告诉读者一种全新的消费观念，一种新的幸福观：人的幸福不再是安贫乐道，成为传统儒家文化所期望的有德之士，而是一种感官的满足、活在当下的快乐，消费物质越多、消费品档次越高幸福指数就越高。

精益眼镜商店还与孙中山先生有不解之缘。一天，分店经理在店堂里招呼顾客，忽见一位身穿中山装、头戴铜盆帽、手握“司的克”（英语手杖的音译）的中年顾客下车后，兴冲冲地踏进店堂。经理一看，这位顾客好生面熟，似曾相识，再仔细一看，他就是护法军政府大元帅孙中山先生。经理急忙亲自接待，并敬求中山先生墨宝。中山先生一口答应，过了几天，军政府送来中山先生手书“精益求精”题词一幅，落款孙文。分店经理如获至宝，专人把题词送到上海总店，精工裱糊，配上镜框，高悬在店堂里。过了8年，即1924年冬，中山先生离粤北上，途经上海，特地到“精益”去验配眼镜，在店内休息时，还殷殷垂询店务。宋庆龄女士在解放前曾到精益眼镜店观看这幅题词。解放以后又一度来店观看，并对店里职工笑着说：“这幅手迹你们还挂着，很好！”

1982年，经上海有关方面鉴定，孙中山题词为真迹文物，现保存于上海香山路孙中山故居，供人们观赏。现今“精益”所悬先哲题词（含各地“精益”），系复制品。上海香山路孙中山故居内，还陈列有中山先生生前遗物眼镜一副，镜盒上烫有“中国精益眼镜公司制造”的一行金字，足以证实当年孙中山先生确曾戴过“精益”眼镜。

“精益”职工在中山先生的题词鼓舞下，几十年来不断发扬老店特色，为广大群众服务。凭藉雄厚的技术基础和精工研磨的优良传统，能配制各类复杂光度的眼镜。商店在做好商品供应的同时，还重视社会效益，坚持“以卖带修”的售后服务，设立修理柜组；尤以焊接各类金属镜架为擅长，不论K金、镀金等，都能整旧如新，得到行业内外的一致赞赏和好评。此外，专设邮购服务部，开展面向全国各地的服务；若有团体相邀，商店能立即派员前往服务；对本市老弱病残行动不便的顾客，经预约也可派员上门验光服务。由于精益服务项目齐全，经营业务完善，产品质量优良，故被列为上海市特色专业商店。

（江文君）

亨得利钟表店

上海亨得利钟表商店（简称亨得利）是上海著名钟表商店，现地址位于南京东路699号。该店开办于1915年，虽然当时为浙江宁波“二妙春”钟表行的分店，但是由于上海的优越商业地位和股东的资本转移及锐意经营，使该店很快成为遍布全国各大城市亨得利网络的总部。

亨得利的前身为清同治十三年（1874年）创办于浙江宁波东门街的二妙春钟表行，由当地人应启霖、王纪生、庄九泉创办，以小本经营钟表、眼镜、唱机等维修业务。清光绪十六年（1890年）一次偶然的机会，应启霖买彩票中了头彩，骤获巨资，便扩大经营规模，迁址于宁波双街（今滨江路），专门经营进口钟表，获利甚丰。1911年前后，在杭州、南京两地分别设立分号。为了发展生意，参与市场竞争，派人常驻上海调查情况，组织货源。当时德商礼和洋行在上海经营的“亨达利钟表行”生意兴隆，“二妙春”店老板决定在上海开店与之竞争，便于1915年在上海五马路（今广东路河南中路）开店。为了从气派上压倒德商亨达利，宁波二妙春钟表行老板认为要取一个既通俗又能表达与洋人竞争的店名，便亮出了“亨得利”招牌，寓“亨通、得利”之意，上海这一分店也就为亨得利钟表商店。另有一说法，当时上海有家亨达利，是法国人开的洋行，经营医药、钟表等洋货。于是，他们三人计议给钟表眼镜店起名亨得利，意在与洋行抗衡，非在鱼目混珠。从此，生意亨

通，四方设店，相继在全国各个省市设有72家钟表眼镜店。亨得利在上海开张不久，由于店名问题与亨达利打了一场招牌官司。亨达利由礼和洋行出面，指控亨得利冒名侵权。而亨得利则聘请名律师据理力争，指出亨得利的店名早已向政府农商部注册，而且达与得虽然音近但义有别，由于德国当时在欧战中失利，亨达利后台不硬，最终未能胜诉。后双方又展开广告宣传大战，结果旗鼓相当，双双扬名。但亨得利钟表店因所处的地段环境不佳，生意不旺，敌不过德商的亨达利，为了摆脱困境，老板通过当时上海滩有名的“地皮大王”哈同的总管姬觉弥的关系，以五万银元的高额租借了哈同洋行在上海南京东路广西北路上四间门面，经过装修一新后，在1928年挂出了亨得利钟表行招牌，店面招牌明显地比德商亨达利大，还大做特做广告，标榜自己是全国第一大号钟表店，以招徕顾客，从而营业蒸蒸日上，名声日隆。亨得利还在本市和外地开设多家联营合资店。各种商店出售的钟表实行联保联修，此举在国内钟表行业中尚属首创，因此吸引了大批顾客。同时，亨得利在经营中发扬商店大而全、商品名又优、重视维修、保证质量的特色，使业务日益发展。短短几年，其先后在上海市静安寺、霞飞路（今淮海中路）和香港开设了三家分店。到全面抗战前夕，与全国各地建立联营合资的群体企业达60余家，在钟表零售行业中成为后来居上的一家大店。在经营特色方面，逐渐形成为专销高、中档名牌钟表，精工维修各类钟表的名店。亨得利在全国各地的分号一起行动，搞各地联保，并乘机大肆宣传标榜自己是全国第一号钟表大店。至20世纪30年代初，其营业额达到了历史上最好水平，在同行中独占鳌头，进入了亨得利的黄金时代。到了30年代中期，亨得利的店务由三位创始人的后代尹美康、王光祖等人掌管，保持了

与亨达利并驾齐驱的局面。解放前，亨得利钟表店主要经营进口高档商品，被称之为“洋买卖”。其经营品种主要有瑞士的欧米茄、西马、浪琴、米度等高级手表，以及从德国进口的名牌双箭保星座挂钟，同时也经营一些唱片等。

在多年的经营管理实践中，亨得利钟表店积累了自己的一套经营之道：一是店规严。要求店员从学徒开始，就得讲和气、懂礼节、站姿端正、注意仪表举止，冬穿长袍马褂，夏穿长衫。二是用人严。招收徒工进店时，要有两人担保，并需经过三个月严格考察后择优选用。学徒期间，必须学会收货、卖货、算账和辨认商品产地、规格、性能、质量以及使用常识等，还要学会修理技术，特别是要学会接待各种不同的顾客，讲究和气生财，想方设法把生意做成。三是重信誉。凡出售的商品，均印有“亨得利”的商标，在商品出售前，都要经过仔细检查，如落地钟、座挂钟，要试走三天三夜，天天核对，如果发现毛病必须修好后再售；四是修理技术精

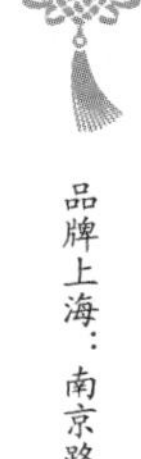

湛。多年来形成一支较高水平的修理队伍，他们精工细作、一丝不苟，对修过的钟表都要经过反复检测，所需的零件尽可能采用原件，实在配不到就精工车制。凡属于一些高难度的粘尖、补齿和钟表的各种“疑难杂症”，拿到“亨得利”修理的，一般都能得到解决。亨得利众多联合企业通过广告扩大影响，各商店发售或修理的钟表实行联保联修，又兼商品款式新颖，价钱便宜，在很大程度上吸引了顾客。由于亨得利钟表店维修设备齐全，其他表店修不了的表，到了这些专修店都能及时修好，他们精湛的修理技术，认真负责的作风，赢得了广大消费者的信赖。曾有一位外国留学生的一只音乐报时石英表坏了，跑了几家钟表店都说修不了，他来到亨得利，经检查修理后排除了故障。于是，这位留学生非常受感动，连声说：“我佩服你们精湛的修表技术和诚恳为他人服务的精神，回国后我为你们宣传，愿中国亨得利的声誉传遍世界。”

该店职工珍惜前辈们几十年来艰苦奋斗创建起来的商誉，努力

保持和发扬老店经营特色。他们于1953年创办了制钟厂（后划归上海钟厂），曾产有“铁锚”牌闹钟应市。1956年公私合营时，店名改称亨得利钟表商店。1958年，我国有了自己的国产手表，亨得利的业务更得以发展，知名度与日俱增。1966年，店名改为“长江钟表商店”。

改革开放后，1984年增加黄金饰品和眼镜业务。1985年恢复了亨得利原名。随着经营规模的扩大，1992年6月6日更名为亨得利钟表公司。

亨得利素以经营高档钟表为特色。为了扩大销售，亨得利经营者注意调查市场动态，了解市场的需求，掌握顾客消费的心理。在进货方面，善于分析调整商品结构，组织适销对路的商品；柜台商品展示以引发顾客购物多角度出发进行摆布；严格进货验收制度。在维修方面，亨得利采取了许多措施，诸如聘请高级技师，负责精工修理；实行保单制度，在保用期内可免费修理；实行全国联保制度，顾客只要持亨得利的保修单，可以在全国各地分号免费修理；急者先修，立等可取等。这种“以卖带修，以修促销”的经营方式，深受顾客欢迎，信誉越来越高。近年来，该店被特约为瑞士“浪琴”表的国际保单维修中心。这一切都是以其修理部坚强的阵容为保障的，修理人员占了全店职工的半数以上。此外，“亨得利”在经营商品上，以名、优、全为特色，凡名牌钟表，只要国内有货，商店就有售，且备货足、品种齐，顾客可选性强。

今日上海亨得利，在经营商品上以名、优、全为特色，是上海特色专业商店之一。

（江文君）

亨达利钟表店

亨达利钟表店现位于上海市南京东路 262 号。

提起旧上海的钟表店，人们就会想起“亨达利”这家著名的老牌钟表店，对于亨达利创始人及始创年代众说不一，但比较可信的说法是：清同治三年（1864 年）由原在瑞士“有威洋行”（Juvet Mine，Vve，Leo）任职的德国人（一说是法国人）L. 弗拉德（L. Vrard）创办，取名 Vrard&Co，起初公司没有中文名。清光绪十七年（1891 年），该公司被原公司职员亨利 · 西伦和雷达利接盘。西名照旧，另以亨利 · 西伦和雷达利之名取中文名为“亨达利钟表店”。大约在 1906 年，“亨达利”又被英国人霍普接盘。初创的“亨达利”设在租借地江西路（今江西中路），1891 年该公司迁到当时日趋繁荣的南京路抛球场（今河南中路口）。主要经营瑞士钟表进口业务，委托西洋各国钟表商定制钟表，设计生产中国风格样式的座钟以及钟表修理业务。现在北京故宫钟表馆内珍藏着一些打有“亨达利”店号的自鸣钟，如：“铜镀金花鸟画珐琅皮套钟”、“铜镀金掐丝珐琅拱门式座钟”、“铜镀金鸟音座钟”与“铜风车座钟”等，这些国宝级的古董钟，很可能就是当时“亨达利”向瑞士与德国委托加工的产品，当然不排斥座钟在中国制作的可能。在当时，通过亨达利到德国定制的产品，是亨达利的一大服务特色。

清末代皇帝溥仪准备结婚时，曾通过亨达利到德国定制过两只玻璃镜台；但是还未交货，清王朝就已经覆灭了，这笔业务也就不了了之。后来这两只镜台一直放在亨达利，直到1960年才被改作他用。

1914年，第一次世界大战爆发，亨达利因经营不善，而将产权转让给当时的礼和洋行的买办和账房，但仍规定亨达利每年必须向礼和洋行交纳800两白银的“招牌使用费”。由拔都主持业务，旋即迁店至原哈同大楼（南京大楼），20世纪初又改迁到今南京路河南路口的现址。1914年第一次世界大战爆发，拔都决定回国，乃将亨达利转让给当时的礼和买办虞芗山和跑街孙梅堂。从此，亨达利归中国人经营，后来洋行当买办和账房的中国人虞芗山、孙梅堂经营，改名为亨达利钟表总公司。由于他们与洋商关系密切，货源充足，生意十分兴隆。特别是第一次世界大战结束时，德国马克和法国法郎贬值，亨达利趁机以低价从国外购进手表几万只，在上海销售，获利数倍。从此，资本实力雄厚，曾先后在全国各地开设了25家分店，成为全国首屈一指的“钟表大王”。亨达利的经营大权实际是由孙梅堂操持，经营方向也渐侧重钟表。第一次世界大战结束后，欧洲诸国元气大伤，法郎、马克、卢布等大幅度贬值，给我国的进口商带来了巨额利润。虞芗山因专心经营颜料，故将自己名下的亨达利股权以30%折价让予孙梅堂。1917年，亨达利成为美华利集团内的一个最主要的钟表专业商店，并更名为亨达利钟表总公司，名义上仍和礼和保持关系。亨达利因与洋商的特殊关系，货源充沛，加上美华利的众多群体批零兼营，左右逢源，一时声势之盛为同业所望尘莫及，孙梅堂本人当时也有“钟表大王”之称。从20世纪20年代开始，孙梅堂因投资房地产事业经营失利，导致经济危机，1926年由美华利董事毛文荣出任亨达利经理，另行集资改组为股份有限公司并脱离美华利集团。开始时企业有所转机，鼎盛时曾拥有联营和合资企业20余家，分布于国内主要城市。但全面抗战期间又趋衰落，抗战胜利前夕亨达利已处于风雨飘摇之中。1946年亨达利股东莫高明由重庆挟资东归，增资黄金500两出任经理，紧缩机构力图振作，但因局势动荡，仍难有所建树。

孙梅堂经营时期曾提出过：“货真价实树信誉，精工修理促营业”的方针。修理着眼为门市，不一定要求利润，在门市营业上利用与外商的特殊关系，货源供应的条件优于其他同业；另外与浪琴厂挂上钩，特约经销并定制以亨达利为牌名的表供应市场；广告宣传上除了电影院、报纸外，还在沪宁、沪杭两条铁路沿线做了不少广告牌，号称远东第一。商品则以中高档为主（廉价表由美华利集团其他商店经销），以适应当时中上层顾客的心理。售出商品凭保单负责保修，使顾客放心。在修配业务上自设材料部进口材料，除供自用外还对同业开放；设立抛镜工场。壳子整旧如新，修理费一次估算，倘有疏漏事后也不再追收；对修理人员要求较多且严格，接表派工和检验均由有经验的师傅担任，所以尽管修理收费高于同业，但仍能得到顾客信赖。解放以后，特别在合营以后，原存的一些特色有很多方面限于政策规定有所改变（诸如国外订货、人员聘用、修费估算、加工配件的分工等），但在条件许可的范围内他们还是做了不少努力，修理质量一直在同业中处于领先的地位，商品结构还是保持较多的花色品种，不售劣质表。但大众化商品占有较大的比重，这样能更好地适应新的形势。由于亨达利精工修理所树立起的良好信誉，在20世纪60年代市场手表货源较紧时，亨达利修理部门庭若市，顾客修表排队，一度应接不暇，只能采用预发修表号码牌来“限额擦修”，藉此以求平衡。1979年，亨达利与日本西铁城挂钩设立了特约维修站。

“亨达利”经营的钟表以中高档为主，20世纪50年代前主要销售进口表，还代办向国外订货。所售钟表一律负责保用保修；同时，重视修理业务，聘用熟练技师精修各种钟表，而且旧表修理同样有保修期，深得顾客信赖。

进入80年代后，随着市场的繁荣和商品的升级换代，“亨达利”的业务经营日新月异。供应的钟表国产的、进口的应有尽有，从价值万余元的豪华型手表和不到百元的大宗表，以及二三十元的小闹钟，品种不下数百种，亨达利已在同行业享有“十大之最”的桂冠，即：历史最久、牌子最老、规模最大、设备最新、技术最强、实力最足、品种最齐、质量最优、销路最广、销量最高。21世纪初与之建立业务购销关系的有瑞士、日本等国家，以及国内各省市钟表行达110余家。

1990年河南中路市政拓宽马路，“亨达利”又进行了全面装修，百年老店又展新姿，铺面商场焕然一新，装饰雅致；二楼设置精品展示厅，汇集国内外一流新颖名表于六间“精品小屋”之中，

犹如钟表之“百花园”，各类晶莹手表璀璨夺目。

现在的亨达利在钟表的销售上不仅品种丰富，而且在布置上更具条理性。一楼设置了劳力士、雷达、欧米茄、浪琴等高档表专柜，各种中档进口表卡天龙、梅花、英纳格、西铁城等也布置得集中有序，花色繁多、式样新颖、价格适中的合资表更是受到年轻人的喜爱。二楼集中展示了优质国产表及各类挂钟、落地钟、工艺钟。在修表矛盾日益尖锐的90年代，亨达利仍然坚持精工修理，注重售后服务，在开设出西铁城特约维修站的基础上，又相继开设出迪安、卡天龙手表特约维修站，月修钟表数量保持在3500只以上，小修小配月营业额也在8.5万元以上。1992年初，亨达利恢复了黄金饰品的销售，位于第一百货公司对面的亨达利黄金饰品行在不到两年的经营过程中，也一跃成为沪上人均销售黄金第一位的企业。

1993年亨达利的年销售额达到2亿元，占领钟表业销售利润第一名的位置，1994年也同样保持了这一佳绩。目前，亨达利已实行电脑化管理，这家历史悠久的专业性商店以其“钟表大亨”的形象深深根植于消费者的心中。

（江文君）

张小泉刀剪总店

张小泉刀剪总店现在位于南京东路490号。原名张小泉刀剪店，是杭州城的名牌老铺。真正的张小泉始创于清乾隆二十八年（1763年），创始人张思家，安徽人，世代以制剪为业，到杭州后，在城隍山脚大井巷设炉锻打剪刀，挂牌“张大隆”剪刀铺。他博采众长，选用优质钢材，镶嵌在刀刃口上锻打，首创了剪刀嵌钢锻制新工艺；还采用镇江特有的泥砖精磨，使剪刀刃口极为锋利，深受顾客欢迎，生意兴隆。后来，张思家去世，由其子张小泉继承父业。张小泉在技术上精益求精，使刀式更趋完美，质量更佳。当名声传出去时，便出现了很多冒名的“张大隆”剪刀店。张小泉一气之下，将店名改名为张小泉剪刀店。据传说，乾隆皇帝曾南巡到杭州，遇雨避入一家小店，只见柜上摆着各式晶亮的剪刀，拿起一把反复欣赏，太监见皇

帝喜欢，就买了几把。乾隆回身问店主姓名，张指着“张小泉”店招说：“招牌上写的就是小的名字”。乾隆回宫试用后，欢悦地说：“好个张小泉”，就下一道圣旨，要保护这个张小泉，从此张小泉剪刀店名扬天下。以后凡是拜张小泉为师的，学成后都可用“张小泉”牌子，但必须加“X记”以示区别，于是各地竞相沿用其名者日众。辛亥革命后，杭州有家张小泉忠记刀剪店迁来上海，此后上海市场用张小泉牌子的刀剪店日渐增多，1949年前达百家左右。

上海刀剪行业也有悠久的历史，道光年间，在城内小东门老学前有李洪兴刀铺，已很出名，后因店址遭灾被毁，于1935年迁到广西路（今广西北路）326号设炉营业，店主李志良。剪刀店有“萧大隆”，歇业后由该店艺徒王某在城内曲尺湾设炉制剪，名王大隆剪刀店，抗日战争全面爆发后，迁到西藏南路153号营业，店主王志伟，吴县人，以生产伟剪（工业剪）著称。解放前，广西北路、九江路、浙江中路及菜场附近，刀剪店比较集中。今日的张小泉刀剪总店是1956年公私合营时，由这些名店和张小泉协记刀剪店（钱达生，1926年创设于福建路）、张小泉鸿记刀剪店（蒋震寰于1937年开设于南京路）、吕老大房刀铺（由应得修开设于九江路）等合并而成。

1937年日寇侵占杭州，厂店全部被占，张家传人张祖盈则避居上海，承朋友帮助2000元，在浙江路278号开店营业，定名“杭州张小泉近记剪店上海分店”，并聘汪启明为经理，另雇师傅和学徒各一人。抗战胜利后，张祖盈由沪返杭，从岳父家借资1万元，使杭店复业，聘顾韵声为经理，雇员20余人，重新经销剪刀，其规模为1930年以前的1/3，营业曾兴旺过一个短暂时期。

张小泉剪刀精选原料，实行“三包”。张小泉近记剪店所产剪

刀，选用原料认真，制作技艺精湛。在鸦片战争以前都是选用龙泉好铁，利用张小泉到张利川几代亲手炼制钢火的技术，保证了所产剪刀锋利、耐用和精致。鸦片战争以后，不惜高价购买进口的45号中碳钢，并实行“包退”、“包换”、“包修”的三包制度。从张小泉迄张利川的几代店主，都是从徒到师，亲自参加操作，学得家传好手艺，对炼钢火候有心领神会和独到的操作技术。这样不仅保持了百年来剪刀锋利，并且保证口缝平直，锁钉合眼，没有夹口纽缝和开头等毛病。同治三年（1864年）张利川去世后，其妻为了保证产品质量，关歇自设的炉灶，改为提价选购剪坯，不分淡旺季，力求细致，反复验收，因此长期保持了产品质量的稳定。

广告宣传，同业竞争。张小泉近记剪店虽然以保持产品质量、不断改进创新，获得了广大顾客的信用，但在广告宣传上也不放松。除报纸杂志上有近记剪店的广告外，还到处张贴广告，制作霓虹灯广告，甚至在市内公共汽车上、郊外长途汽车上，都挂上美术广告牌。但是，同业剪店也不示弱，甚至别出心裁地利用抬拉西湖游客和其他顾客的轿车夫，规定凡是把顾客送到店里，按交易金额的20%—30%作为“回扣”。所以凡是拉顾客找近记剪店的轿车夫，到近记剪店门前跑得飞快，一晃而过，拉到别家谈生意，以求得到“回扣”。这样生意确被同业抢去了一些。

创名牌，为国争光。近记剪店创办300年，经历七代人，始终坚持质量第一，花色品种不断创新，从而饮誉海内外。宣统二年（1910年），近记剪刀在第一次南洋“劝业会”上获得银牌奖；1915年在巴拿马万国博览会上获奖；1919年还得到“农商部”68号褒状。从此，近记剪刀不仅在国内知名，在南洋有生意，而且远销欧美。

1949年以后，国家对发挥张小泉刀剪特色非常重视。1956年3月，毛泽东主席在《加快手工业的社会主义改造》一文按语中指出："提醒你们，手工业许多好东西，不要搞掉了，王麻子、张小泉刀剪一万年也不要搞掉，我们民族好的东西，搞掉了的一定要来个恢复，而且要搞得更好一些。"张小泉公私合营后，非常重视经营特色，凡该店经销的刀剪，都要经过检验，并经"剪刀摇头"、"橱刀开口"等加工整理，使剪刀头齐、头尖、口平锋利，销钉不松，使用灵活不轧口；菜刀口薄、锋利，买去即可使用，故而深受消费者欢迎。

剪刀原来只供家庭使用，由于工业日益发展，工业剪刀如服装、被服、绣品、纺织业等用剪量日益增加，因此，该店曾自设工厂于四平路169号，定制各种刀剪以满足市场需要，开展代客

修磨服务（后因故分别于1973年、1987年撤销）。该店为疏通货源渠道，与杭州张小泉剪刀厂实行厂店挂钩，并与浙江等地20余家刀剪生产厂建立协作关系，以“泉”字牌注册商标，实行定牌监制，加工生产各种刀剪，其特色得到进一步发扬，使商店经营品种繁多，各色名牌剪刀规格齐全，小自6厘米的绣花剪，大到60厘米的铁皮剪；其中有发蓝、镀铬、刻花、扎丝、红藤、黑脚、铜脚以及套剪等；按用途分针织、服装、鞋帽、皮塑、五金、麻纺、制刷等工业用剪和园林剪等。刀具品种也很齐全，从125克重的小菜刀、到3000克以上的砍肉刀，大小俱全。近年来又经营全国十大名刀，如广东三桁瓦不锈钢方头刀、沈阳的“切姜不连丝”、“切肉薄如叶”等刀。仅菜刀就有广式、湘式、京津式、杭式等多种式样。

1988年，商店经过装修，更名为上海张小泉刀剪总店，在金陵东路185号设经营部，在浦东新区崂山东路656号设浦东分店，在武夷路220弄2号设沪西分店，在南京东路盆汤弄50号设修理部，恢复刀剪修磨服务。在经营品种上又有新的发展，新一代不锈钢刀具、食品刻花刀等深受青睐。

（江文君）

老凤祥银楼

老凤祥银楼现地址位于南京东路432号。上海老凤祥银楼清道光二十八年（1848年）创办于上海南市大东门。1949年以前的30年间由费祖寿任经理，负责经营。老凤祥银楼加炼壬宇十足赤金，精制金银首饰、条锭、中西器皿、宝星徽章、珠翠钻石、搜挑人物以及法蓝镀金、精制礼券等。该楼以其历史悠久、工艺精湛、信誉卓著而蜚声海内外。

老凤祥银楼自1848年初创于南市大东门，直到清光绪十二年（1886年）才迁移至英大马路（南京路）望平街口，当时店名为凤祥银楼，号称怡记。清光绪三十一年（1905年），老凤祥怡记银楼因亏损而将招牌、金银货物一并推与植记，并用松鹤戳记，类似商标作用。清光绪三十四年（1908年），老凤祥植记银楼因店东别图经营将招牌、金银珠翠各项货物及放出账目一并推与叶氏永为世业，更号庆记。后因嫌原屋太小而迁至英大马路盆汤街西首高阳里口（今南京东路432号），门面为坐北朝南高大洋房，戳记改用吉庆。1912年6月14日，老凤祥庆记银楼又将该店牌号圣堂、生财并一切装修及金银珠翠各货估价全行出盘。自盘整后改名为老凤祥裕记银楼，在原址改造成白磁西砖洋房、特色阳台门面，于10月26日正式开张，加壬字十足赤金，并正式启用丹凤商标。1919年，费祖寿被聘为老凤祥裕记银楼经理，一直到1949年停业为止。此间，老凤祥裕记银楼不仅制作各类传统产品，而且为满足顾客的特

殊需要还不断创新，如顾客造房就出售“金玉满堂”大银盾；顾客生子就制作银麒麟刻上“麒麟送子”字样；顾客做寿就制大寿桃刻上“寿比南山”；如结婚就制一架“百年好合”的银屏风等。

费祖寿拥有银楼管理权后，开始大展拳脚。他紧跟潮流、推陈出新，改变了银楼单纯为客人打造银器的传统，增加了发兑加烙壬字天足赤金、精制时款首饰、中西器具、宝星徽章、珠翠钻石、玲珑镶嵌、法蓝镀金及精制礼器等多重经营，大大扩展了业务范围。这样一来，他不仅扩张了生意，更打响了老凤祥的品牌知名度。其后，他又重金从上海各大银楼中聘人，不管是几十年经验的老师傅，还是银楼业新科秀才，甚至包括黄发碧眼的老外。这些人充实了老凤祥的家底，他们善雕凿、精镶嵌，其制作的礼器饰品，花式品种多，加工精致细巧。仅黄金K金项链一项，就有锉平链、铰棒链、竹节链、如意链等数十余种。用费祖寿的话说，他们代表着国际潮流。作为中国最早开放的口岸，那时上海的老外已经很多，其中很多人都对中国文化很有好感，银器自然也成了他们的关注目标。费祖寿很快就依靠精良的技艺赢得了这帮老外的欢心。费祖寿的经商才能远不止这些。他还根据夏天女子短袖露臂，制作外粗中空的手臂镯，秋冬季则以花式细梗的手腕镯任客挑选。顾客定制金脚镯也因人所需，予以满足。

老凤祥也有许多老故事。有人向哈同夫人推荐老凤祥。推荐人拿了十几条老凤祥的黄金项链，有锉平链、铰棒链、竹节链、如意链等十余种不同的样式。哈同夫人一看就爱不释手，随即让管家带自己到老凤祥的店里亲自挑选。老凤祥的人知道来了大客户，向哈同夫人仔细询问了她的需求后，特意为她量身打造了一套专属个人的首饰。当时的老凤祥，在上海已经颇有名气。老凤祥的师傅专门为贵妇人打造个人标签的首饰，还是头一遭。哈同夫人特别开心，戴着老凤祥的首饰参加圈里的交际舞会。这一下，众人的目光一下子被哈同夫人吸引，大赞哈同夫人的气质跟珠宝的气质相配。哈同夫人喜上眉梢，从此就成了老凤祥的常客。她不但多次亲临老凤祥为自己定制首饰，还特地为丈夫定制白玉翡翠镶金烟枪和烟盘等名贵物件。

20 世纪 30 年代是老凤祥银楼最鼎盛时期。1930 年，他们将银楼建造成当时国内少有的三层钢骨水泥楼宇，上层为工场，有工人、学徒近 40 人；中层为店堂，陈列各种产品；还有地下室库房，存金一二千两、银四五万两。1943 年，老凤祥银楼经理为费祖寿，费昌年；协理为王仁升，资本额 320 万元。6 月恢复黄金自由买卖，同年 9 月开始配售黄金，银楼业蓬勃发展。此间，老凤祥银楼曾有过一天出售黄金一千两之多的盛况。1945 年 12 月，老凤祥银楼资本实数为 1000 万元法币，当时经理为费祖寿，股东有费祖寿、费

圣敦、徐乐寿、费昌年、费振珩、费诚昌，银楼有店员 33 人，工人 25 人。1947 年 2 月，政府宣布实施经济紧急措施，放弃售金政策并重又禁止黄金买卖，上海所有银楼、首饰店的业务都受到影响。为顾全生计，受银楼业联谊会召集赴京请愿，结果于 4 月 1 日开始复业。但中央银行既不配售黄金，又加以硬性限价致使无法营业，只能以专售银饰为主。11 月间，同业又多次请愿无效，银楼业就此一蹶不振，只能将职工陆续遣散。1949 年 9 月老凤祥银楼宣告停业。

1951 年 4 月 4 日，华东区分行根据中国人民银行总行关于开设公营金店的指示，要求在上海市区开设金店。自当年 8 月 1 日成立筹备小组，于 1952 年 1 月组成“国营上海金银饰品店”。由中国人民银行上海市分行第二营业部副主任周耀瑾兼经理，孙豹奇为副经理。店址为南京东路 432 号原老凤祥裕记银楼。在社会上招聘职

员、技工 132 人，原老凤祥银楼留用 10 人。金店于当年 6 月 16 日正式对外营业，盛况空前。为适应沪西市民的需要，12 月在静安寺（万航渡路 2 号）设立分店。1953 年全年销售量合黄金 3287 千克、白银 2619 千克，相当于抗战前全市银楼正常年景的总销售量。这对上海首饰商业的恢复和稳定市场起了重要的作用。

自 1954 年起，因国家建设需用金银增多，年销量大幅度下降，其后又增设和扩大来料加工业务以满足市场需要。1958 年 7 月改名上海金银制品厂，为外贸加工饰品和餐具，通过广交会批量出口，把零售划给中百一店。直到 1961 年，根据国家经济政策的调整，在 5 月停止内销饰品的供应，遂成为单一的来料加工和旧金银饰件的换货。在以上这段时期，该厂完成了一些大型产品的加工，如 1954 年承接了上海中苏友好大厦钢塔和五角星、角亭的鎏金任务；1959 年为北京人民大会堂制造了直径 9.5 米的大型鎏金五星葵花顶灯和银餐具。1962 年 5 月，该厂划归工业系统，由手工业局上海市工艺美术工业公司领导。当时有职工 179 人。1966 年秋，受“文化大革命”影响，金银首饰来料加工及对外出口首饰、金银摆件生产都被迫停止，只得搞些金银工业片、材的加工及氨气压力表的生产，10 月又改名为上海金属工艺一厂。70 年代首饰全部是出口产品。年出口值在 200—400 万元，1979 年达到 419 万元。产品销往我国港澳地区以及东南亚、东欧及西欧。这一时期，设计制作的摆件既有传统题材，也有现代题材，如“麒麟送子”、“小刀会”、“孔雀牡丹”、“新安江”、“毛主席去安源”等。同时研制成功了精密失蜡浇铸机、自动项链生产机、无氰电镀等设备。

1980 年 10 月，为满足人民日益增长的物质文化生活的需要，在厂长王永平的带领下，率先在上海恢复市民来料加工黄金饰品

业务。翌年10月，又增设市民来料换货业务，并进行了亚金材料及精密浇铸材料石膏粉的研制。1982年8月，改名为上海远东金银饰品厂，并被轻工业部指定为内销金饰品定点生产企业。为配合南京路改造和发展生产，扩建了新厂房，于12月底全厂迁至漕溪路260号，原址南京东路432号只保留了底层作为厂门市部进行营业，接待顾客。1983年3月门市部正式开始内销黄金饰品，销量与日俱增。1985年1月，上海远东金银饰品厂门市部恢复老凤祥银楼招牌，设计并采用了凤祥牌商标。9月15日产品采用统一编号沪C，当年生产黄金饰品3281.6千克，完成产值3.3亿元，利税总额1936万元。1987年，为推广国家科研项目亚金材料的使用，并扩大生产能力，增加产品种类，与浙江绍兴合作联营，双方各投资100万元，成立了上海远东金银饰品厂绍兴分厂，从事生产亚金饰品。到1990年又扩大经营金银饰品业务。1993年，为实施改革进一步扩大生产规模，与浦东上海环球饰品厂合并成立上海老凤祥首饰总厂，并同时将产品戳记由“沪C”更改为“老凤祥”，使厂名、注册商标及戳记融为一体，为推行老凤祥名牌战略奠定了基础。总厂保留了南京东路432号老凤祥银楼及广东路上的老凤祥银楼分号，1994年底在浦东兰村路增设了老凤祥银楼浦东分号，1995年又在市区徐家汇增设了老凤祥银楼徐家汇分号。

老凤祥之所以历经百年不衰，不是没有道理的。一个业内名家曾经如此评价老凤祥出品的物件：“其制作银器精雕细刻，高雅华丽，富有特色。”而老凤祥最拿得出手的，应该是银制礼品，以吉利口彩取悦顾客，如造房礼品大银盾上刻“金玉满堂”，送出生礼品麒麟上刻“麒麟送子”，婚礼匾牌、屏风上刻“百年好合”，祝寿礼品银质大寿桃上刻“寿比南山”等吉利口彩，备受顾客欢迎。一家百年老字号，总有着许许多多说不完的故事，故事中蕴含的是老凤祥与顾客间百年不变的深情。中国加入 WTO 后，老凤祥也审时度势，顺应时代的发展需求，立足于长远的企业发展战略，实施品牌战略，发展专业连锁经营。至 2010 年，老凤祥在上海已有 396 家特约经销商，拥有 37 家连锁专业银楼，在中西部地区重庆和太原也开设新店，并以此为中心，构筑西南、西北营销网络。今天的老凤祥，已经当之无愧地成为中国珠宝首饰业的金凤凰、常青树和航空母舰。老凤祥不仅连年囊括所有国家级的品牌荣誉，更获得“中华老字号百强”称号，在老凤祥的发展史上留下浓墨重彩的一笔。

（江文君）

老庙黄金

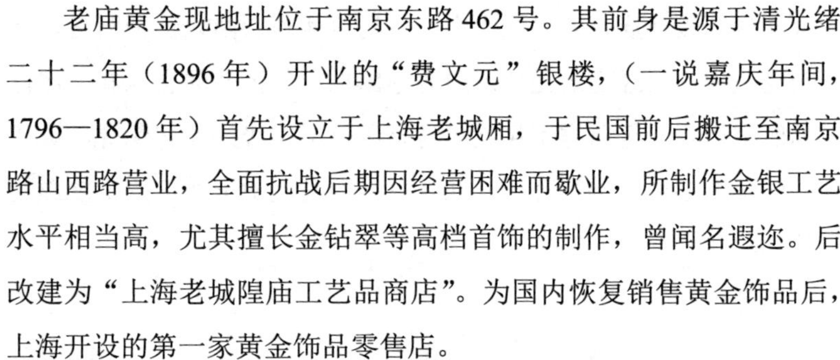

老庙黄金现地址位于南京东路462号。其前身是源于清光绪二十二年（1896年）开业的“费文元”银楼，（一说嘉庆年间，1796—1820年）首先设立于上海老城厢，于民国前后搬迁至南京路山西路营业，全面抗战后期因经营困难而歇业，所制作金银工艺水平相当高，尤其擅长金钻翠等高档首饰的制作，曾闻名遐迩。后改建为“上海老城隍庙工艺品商店”。为国内恢复销售黄金饰品后，上海开设的第一家黄金饰品零售店。

老庙黄金1983年初创时为老城隍庙工艺品商店的几个柜台，1994年迁入景容楼后正式名为老庙黄金有限公司。凭借地处老城隍庙风水宝地和“老庙黄金，给您带来好运气”的吉祥语言，老庙黄金迅速发展，成为拥有一家大型综合性的专业金店、两家商办金厂、一个金矿、一家钻石公司、一个钻石销售中心、一家钻石检测中心、25家连锁金店和100多个全国特约经销网点的集科、工、贸为一体的综合性公司。1998年老庙黄金年销售达6.5亿元，创利超过1800万元，成为上海地区的销售大户，连续荣膺上海金饰业零售桂冠，确立了在同行中的龙头地位。

1997年4月，老庙金厂和老庙铂金厂相继建成投产，实现老庙黄金品牌由商业向工业品牌转型。1998年5月，由老庙黄金和赤峰市喀喇沁旗锦峰联营金矿等三方共同投资1000万元组建了上海老城隍庙金银珠宝（赤峰）有限公司。1997—2000年连续4年老庙黄金被评为市名牌产品。1998年老庙黄金被评为上海市著名商标。1999年通过ISO9002质量认证。1999年经市国资办的审定，确认老庙黄金的无形资产为1.3亿元，并先后荣获“全国质量万里行定点企业”、“全国执行物价计量政策法规优秀单位”、“上海市计量工作先进单位”、“上海金饰业第一面质量旗”、上海市“第四届物价计量信得过单位”等荣誉称号。世界黄金协会授予老庙黄金国内唯一的“最佳黄金年青企业大奖”。

“老庙黄金”不仅在上海家喻户晓，在国际上也是一块金招牌。

20世纪90年代初，世界黄金协会曾对我国黄金市场进行过调查，结果认为中国黄金市场是亚太地区最大的潜在销售市场，而且还会不断呈上升趋势，并认为中国最大的黄金市场是上海，而上海黄金销售额最大的是豫园商城。1993年世界黄金协会、“老庙黄金”在沪联合举办了一次以“黄金约会”为主题的促销活动，此后，世界黄金协会每年都要与“老庙黄金”联手策划此类活动。

店经理陈久深知老城隍庙在海内外的知名度，便充分利用这一地域优势，大力培育老庙黄金的品牌。他集思广益，率先向全市人民亮出了以老城隍庙大殿为标志的商标，并在环城的11路电车和贯穿上海市区南北的66路公共汽车车身上以及电视台和电台、报纸上分别亮出了“老庙黄金，给您带来好运气！”的广告语。此举开创了金饰业品牌做广告的先河。

从1983年到20世纪90年代的初期，老庙黄金进入了一个初始的发展期，已由当初的1个门店发展到了10个门店，销售量更是跃居上海的七分之一。“老庙黄金，给您带来好运气！”的广告语迅速从上海走向全国。当年的老字号，如今终于有了新的传承。用的是同样的“老庙”两字，传承的是老城隍庙传统的吉祥、好运、

辟邪、驱灾、行善、福瑞，而结合现代时尚的设计，紧跟世界潮流，新颖优质的黄金饰品给予“老庙”的是老字号持续发展经久不衰的强大生命力。

为了落实我国的宗教政策，1994 年 11 月 28 日，老庙黄金从老城隍庙大殿迁至豫园新路顶头新建造的老庙黄金新楼——景容楼，生意依旧很好。生意好了，服务质量自然要跟上去。1997 年，老庙黄金创建了“纯金寄真情”的服务品牌，做到让顾客感到“三心”，即“商品质量放心，柜面接待称心，售后服务舒心”，并创造了“始终如一的微笑，传递金子般的真情”的服务名言。1998 年“老庙”商标荣获上海市著名商标。开创上海金饰行业连锁先河。

新世纪来临之际，老庙黄金邀集同行合资经营，以控股的形式在南京路步行街上开设了老庙黄金市南银楼。南京路步行街素有“中华商业第一街”之誉，是上海的一块黄金宝地，经营得好，可以产生黄金效益。与老庙黄金在城隍庙的古邑风貌不同，坐落在

南京路山西路口的老庙黄金市南银楼颇具现代气质，银楼门面采用玻璃幕墙，大门上方的“老庙黄金”四字店招，全用金箔包贴，底层营业大厅直径达 3 米的网形吊顶，用金箔加以贴金，在明亮的灯光下显得格外耀眼，与大厅内的金银、钻石、珠宝饰品柜显得很和谐，既有现代气息，又有大银楼的气魄。第一年，就实现销售将近 7000 万元，2005 年和 2006 年该店销售额都突破了一亿元大关。

有研究者专门做过南京路步行街的市场调查，在统计了这几家珠宝店的人流量后发现，老庙黄金的人流量最高为 24 人 / 分，第二是周大福为 8 人 / 分。研究人员从景观元素上发现老庙黄金的橱窗设计很独特。因为其历史悠久是中国的老字号，所以在橱窗中加入了漏窗这一中国古典园林元素，再用现代的金色网格作为背景，用亮丽的白色灯光打在陈列的商品上，既给人一种古典感，又给人一种现代华丽之感，可谓是低调的奢华。

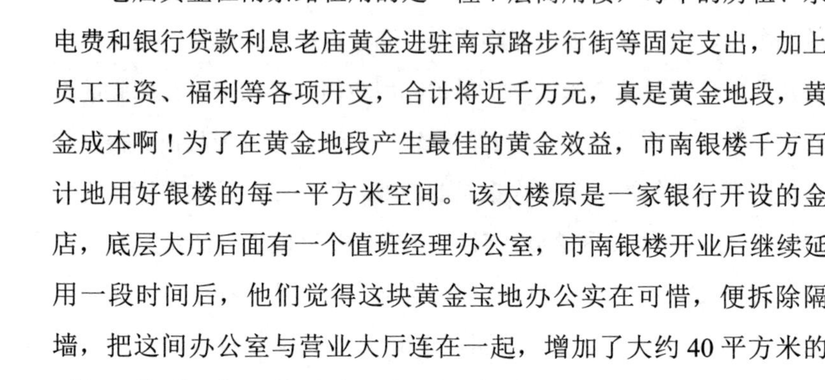

老庙黄金在南京路租用的是一幢7层商用楼，每年的房租、水电费和银行贷款利息老庙黄金进驻南京路步行街等固定支出，加上员工工资、福利等各项开支，合计将近千万元，真是黄金地段，黄金成本啊！为了在黄金地段产生最佳的黄金效益，市南银楼千方百计地用好银楼的每一平方米空间。该大楼原是一家银行开设的金店，底层大厅后面有一个值班经理办公室，市南银楼开业后继续延用一段时间后，他们觉得这块黄金宝地办公实在可惜，便拆除隔墙，把这间办公室与营业大厅连在一起，增加了大约40平方米的面积，然后又把二楼的钻7i柜迁至底层大厅，在二楼原钻石柜处则引进客商，产生一笔可观的收益。

从2002年开始，市南银楼又根据市场需求亮出了“承接定制各类奖牌、司标、礼品”牌子，此项业务一经推广就广受欢迎。

老庙黄金从最初的注册资金36万元发展到如今的注册资金8500万元，净资产2.3亿元。老庙黄金还拥有一批才华横溢的设计师，在珠宝设计大赛及国际大赛中屡获殊荣。在世界黄金协会和意大利维琴察市联合举办的黄金经典国际大赛颁奖大会上，由老庙黄金制作的“春之声”黄金饰品被授予最佳设计，并荣获黄金经典大奖奖牌，这是31件大奖作品中中国大陆唯一的一件。2004年由公司设计制作的“大自然之母”钻石手镯和“水之舞”钻石项链荣获世界最具规模的DTC国际钻饰设计大赛大奖，在39件得奖作品中，中国大陆共有3件，而老庙黄金独占其二，充分显示了老庙黄金高超的设计创新理念和精湛的工艺制作水平。由老庙黄金设计制作的特色装饰品“子孙桶”和“子孙盆”还获得了国家外观设计的专利认可。

老庙黄金自1998年以来一直被评为上海市著名商标，2002年起又被评为中国驰名商标，2005 年被评为中国黄金首饰驰名品牌以及上海“十大最具活力”老商标等称号。总经理陈久当选为上海市老商标运作十大杰出企业家，并被授予中国黄金行业优秀企业家金质奖章。至 2006 年底，全国销售老庙黄金品牌的已达到 300 多家，老庙黄金在上海的连锁店（柜）有 42 家，加盟店（柜）有 126 家，并有了自己的质检站、连锁投资公司、专业销售公司、黄金铂金加工厂、贵金属提炼公司等，形成了一个完整的体系，成为全国黄金业的龙头之一。

2006 年 8 月，由中国品牌研究院公布的首届中华老字号品牌价值百强榜显示，老字号老庙黄金以 15.05 亿元的品牌价值排名百强榜第 11 位。

（江文君）

八、文化娱乐业

大光明电影院

曾经享有“远东第一影院”的盛名的电影院——大光明电影院，现在位于南京西路216号，属于上海市近代优秀建筑保护单位。大光明电影院可以说是见证了近百年来中国电影的兴衰流转，作为一个活样本，在中国电影发展历程留下了它的足迹。

大光明电影院始建于1928年，由潮州资本家高永清联合部分外资，将静安寺路的卡尔登跳舞场改建为影院而成，时任《中报》副刊《自由谈》主编的周瘦鹃为影院命名为“大光明影戏院”，京剧大师梅兰芳亲自为大光明影戏院开业剪彩。当时南京西路、黄河路一带被英国占领为租界，为了能够在租界内得到保护，高永清将影院向美国“台拉威州”注册，挂出了美商的招牌，英文名为“GRAND THEATRE”。开业头几年，影院吸引了很多观众，获利不少。但是，1930年初，影院因上映美国的辱华电影《不怕死》而引起社会和新闻界的愤慨，受到了民众和舆论的抵制。大光明影戏院因为这次事件名誉扫地，营业额下降直至难以为继，只能于1931年9月底宣告停业。①

被称作“华南电影院大王”的英籍华裔商人卢根，听闻大光明停业关门的消息后，雄心勃勃地想要投资重建大光明。从一开始，卢根就一心想把大光明改造成远东第一流的电影院，为此，他请来

① 曹永孚：《上海大光明电影院概况》，《电影新作》1993年第4期。

20世纪30年代上海最著名的匈牙利建筑师邬达克为大光明设计重建。最终，新电影院于1933年6月14日落成，院名改为“大光明大戏院”，英文院名不变。建成后的大光明，确实不同凡响，风帆形的外立面、荷花形的屋顶、圆弧曲线形的大厅、高挑堂皇的进厅等，凭借着欧美建筑风格的豪华设施，“大光明大戏院”成了远东第一影院。大光明内冷气开放，座位舒适，一时间，到大光明看电影成了一种身份的象征。当然，在大光明消费也是十分昂贵的，据说在30年代的上海，在此看一场电影相当于一斗大米的价格，因此，出入影院的多是绅士淑女和外国人士，当年每逢周六的晚场电影，在电影院附近几条马路上都停满了私家牌照的轿车。①

1958年，根据当时电影事业的发展计划，由同济大学设计改建大光明电影院，成为中国第一家宽屏幕电影院。在“文革”时期，因为《文汇报》将大光明电影院解放前所放映的影片概括为毒害人的“鸦片”，大光明电影院由放映的影片改变成一个接一个的电影展映周，日渐低迷而无法再吸引到消费者的关注。1978年，影院上映得到平反的戏曲片《红楼梦》，这次放映取得了极大的轰动效应，人们争相前来观看，甚至又重现了当年上映《乱世佳人》时人们通宵排队的场面。1985年7月，见证新中国变迁历史的大光明电影院被中共上海市委宣传部批准为上海第一家特级电影院。②1989年大光明电影院又被评为上海重点保护文物，老电影院的身份得到了承认。80年代大光明电影院曾一度成为上海的一大标志，但是随着社会的改变，出现很多小厅放映的电影院，只有一个大放映厅的大光明无法寻觅到当年的盛况。虽然，1992年影院

---

① 《远东第一影院》，《检察风云》2016年第10期。

② 曹永孚：《上海大光明电影院概况》，《电影新作》1993年第4期。

又投资 500 万人民币进行了全面整修，成为中国第一家立体声电影院，第一家四星级电影院，第一家氙灯的电影院。但是，20 世纪 90 年代后，随着中国电影市场化的进程，影院本身设施老化，大光明还是开始走下坡路。到 1999 年，上海首家多厅影院开业后，对老影院产生了巨大冲击，大光明也渐渐失去市场，曾经引人骄傲的辉煌渐行渐远。

21 世纪，大光明电影院继续着复兴之路，2002 年，影院引进了数字放映设备，提高放映质量。同年 6 月 20 日大光明电影院和和平影都、南市影剧院、黄浦剧场、浙江电影院等十九家影院联合成立上海大光明院线有限公司，是全国唯一一条由区内影院发起组建的跨省院线。大光明院线以电影发行、电影放映为主体，经营电影衍生产品的开发销售，影院的改造建设，电影广告和多媒体制作，相关娱乐项目经营，文化产品投资，在授权范围内发展电影产品贸易。公司将充分发挥自身的品牌效应，依托上海，辐射华东，不断拓展电影发行放映市场，实行统一品牌、统一排片、统一经营、统一管理，逐步发展成以资产为纽带的电影院线公司。2005—2008年电影院连续被授予上海市文明单位称号。2008年，大光明电影院斥资1.2亿人民币对影院依照1933年的原样进行修复。修旧如旧，改造后的大光明缩减了放映大厅的座位，但依然保持了其原本两层楼的设置。此外，大光明影院还新开发出了5个小观众厅，包括一个VIP厅。翻修一新的大光明电影院重新找回十里洋场中的“洋气”感觉，其辉煌外观令观众有着置身20世纪30年代的错觉。

2017年，大光明院线成立15周年之际，旗下影院突破60家，但大光明显然不满足于此，为了更好的发展，集团制定了品牌发展三年行动计划。大光明将全力推进集团从单一的电影放映向电影放映和剧场演艺两大主业发展；加快推进中国大戏院修缮改造投入运营；成立大光明演艺经纪公司，到2019年实现旗下剧场每年演出500场次；引进、培育演艺新产业、新业态、新模式、新消费，更好地服务市民精神文化需求。作为全国最早成立的院线，以及上海本地两家院线之一，大光明的院线拓展模式由当前点对点、零散的拓展模式逐步向区块化模式转变，从而提高影院加盟的速度和数量。①相信通过集团集约化管理的加强，对连锁影院人、财、物的统一管理，一定可以让“大光明”三个字再一次闪闪发光。

（高　俊）

---

① 顾一琼：《“大光明”谋变，凭实力“圈粉”》，《文汇报》2017年3月22日。

朵云轩

上海文艺出版集团旗下的朵云轩位于南京东路 422 号，创建于清光绪二十六年（1900 年），20 世纪初即成为著名江南艺苑，在业内与北京荣宝斋并称为“南朵北荣”。

1900 年正是江浙一带义和团运动兴起、社会动乱之时，许多文人墨客逃离战乱来到了上海。文人喜爱笔墨，动乱的社会使得亲友之间通信联络更加频繁，对信笺的需求一下子增加了很多。因此，文人兼商人身份的孙吉甫顺势而为，创办了一家小型笺扇店——朵云轩。朵云轩初营苏杭雅扇、诗笺信纸、文房四宝，书画装裱等，后又发展出木版水印、书画中介等业务，凭借优质的产品和诚信服务，朵云轩很快跻身沪上主流艺术圈。当时的信笺和扇面都是采用木版水印工艺印制的，发端于隋唐时期的木版水印，是中国古老的雕版印刷技术，已经有千年的历史。在木版水印的传承上“南朵北荣”各领风骚，精于制作木版水印工艺的技师被朵云轩纳入了自己的麾下，受到海派文化的影响，工艺更加精致、润秀。其所制复本酷肖原作，几乎可以以假乱真，极具江南特质。所以没过多久，朵云轩手工印制的信笺和扇面就蜚声上海，成为文人雅士、社会贤达的珍爱。以至于，张爱玲在名作《金锁记》开篇，把记忆中的月亮比作“朵云轩信笺上落了一滴泪珠……”①

① 崔晓力、刘晓翠：《百年朵云轩》，《上海国资》2012 年第 4 期。

随着近代民族工商业的发展，朵云轩逐渐转变为一座沟通书画家与顾客之间关系的桥梁。朵云轩做起了书画家们的代理人，将他们的作品依据个人的知名度、艺术成就、尺寸款式，制度不同的价格，进行售卖。喜爱字画的顾客到朵云轩求购，书画家们为了生存和发展而与之合作，三者之间互利共生，形成了良好的互动关系。据说，鼎盛之时，朵云轩代理的书画家达数百人，商业大亨黄金荣、名医石筱山等人都曾前来求购作品。除此之外，关于朵云轩介绍年少时初来上海、拜师无门的张大千投靠名家曾熙门下学习；慧眼识才，大力推介当初在沪上不为人知的沈尹默，助其声名鹊起；以及章太炎喜爱用“朵云轩属云”宣纸画笺泼墨挥毫等故事，传成佳话。朵云轩与众多书画家之间的不解之缘，使它“书画之家”“江南艺苑”的美名不胫而走。①

全面抗日战争时期，颠沛流离，历经百年沧桑的朵云轩却从未停止过其历史的脚步、中断营业。解放后，朵云轩被收归国有，虽然经历了几次改名，如“东方红书画社”、“上海书画社”、“上海书画出版社”，但它仍然在坚持经营中国传统艺术。1959 年，为纪念上海解放十周年，名店、老店纷纷前往南京路，朵云轩也于这一年的 9 月份迁到南京路 422 号。②迁往南京路后，朵云轩做了几次有利于业务发展的调整，历经风雨和阳光，完成国有化的朵云轩作为沪上艺术品行业代表性企业最终发展壮大，重新成为文人雅士们聚首的地方。十年动乱期间，民间艺术品遭到了极大的破坏，很多收藏家悄悄将珍品送到朵云轩以求保全。朵云轩勇敢承担文化使命，恢复和发展了传统的木版水印技艺，更是派人到各地去搜集、抢救

① 《“朵云轩”铸就百年功》，《上海商业》2008 年第 1 期。

② 严慈：《中华老字号——朵云轩史话》，吉林摄影出版社 1997 年版，第 11 页。

书画作品，将许多民间流散的极具价值的珍贵文物保存了下来。文化大革命后，书画经营重新恢复，朵云轩成为除了上海博物馆之外藏品最丰富的机构。朵云轩为保存文物作出了巨大的贡献，很多优质的藏品被调拨给国家博物馆、辽宁博物馆以及上海博物馆。朵云轩还重新组建起来一支技术队伍，将传统的木版水印技艺也流传了下来，生产了一批优秀的木版水印作品。其中，花费 26 年重新制作的复现作品《十竹斋书画谱》精美绝伦，在 1989 年莱比锡国际艺术图书展上引起了很大的轰动。当时评委会被朵云轩精美的工艺所征服，觉得最高奖项莱比锡金奖也不足以表彰该作品，所以专门设立了一个“国家大奖”授予朵云轩。①

1978 年，在朵云轩基础上成立上海书画出版社，开始了与书画出版业务共同发展的时期。20 世纪 80 年代，朵云轩已成为上海艺术品行业无可争议的龙头企业，“门通九陌艺振千秋朵颐古今至味，笔有三长天成四美云集中外华章”成为朵云轩的真实写照。90 年代，市场经济春潮初涌，朵云轩却遇到了前所未有的困难，艺术市场的不景气，朵云轩木版水印一年的销售额只有三四十万元，远远不足以支撑整个工艺一年两三百万元的保护和维持费用。为了弥补这个缺口，朵云轩开始探索发展艺术品拍卖业务，由于当时中国内地艺术品拍卖市场还没有形成，所以朵云轩最初在 1992 年首先与香港永成联手，在香港进行拍卖并取得了巨大的成功。有了几次拍卖的经验之后，1993 年，朵云轩拍卖公司正式成立，敲响中国大陆艺术品拍卖第一槌，开启了中国艺术品市场 20 年高歌猛进的历史进程。进驻艺术品拍卖领域为朵云轩的发展开启了一个巨大的

① 崔晓力、刘晓翠：《百年朵云轩》，《上海国资》2012 年第 4 期。

转折，此后直至21世纪头十年，朵云轩又率先进军多个艺术品新兴业务，形成涵盖拍卖、门店销售、古玩、艺术经纪、电子商务、艺术教育、艺术会展及木版水印制作经营的艺术品产业链，成为一个综合性文化艺术实体，以敢为天下先的精神，书写了中国艺术市场发展史上的重要一页。①

进入21世纪后，2005年上海朵云轩电子商务公司成立，采用线上线下联动的形式，朵云轩迎来了互联网时代。2006年朵云轩被国家商务部重新认定为第一批中华老字号企业。伴随着朵云轩品牌的不断发展，其品牌价值也不断得以提高。2006年，朵云轩被国家商业部认定为第一批“中华老字号”企业。2008年，朵云轩木版水印技艺入选国家级非物质文化遗产。2010年10月，朵云轩木版水印作品《幽兰丛竹图》获得首届中国非物质文化遗产博览会

---

① 《朵云轩迎来创建100周年》，《收藏家》1999年第6期。

金奖。这也是上海参展的非遗项目获得的唯一金奖。展示了木版水印非物质文化遗产的独特魅力，也显现了非遗传承和保护工作的显著成效。2010 年 11 月，在北京举办的中国“中华老字号”博览会上，朵云轩品牌从参展的 16 个省市自治区的 273 家老字号企业、143 个知名老字号品牌中脱颖而出，荣获了商务部、中华老字号协会、中华老字号博览会组委会联合颁发的“最受欢迎老字号品牌”称号，是上海唯一获此殊荣的老字号品牌。2014 年，“朵云轩”被国家工商局总局正式认定为中国驰名商标，同年 5 月，上海朵云轩艺术发展有限公司作为木版水印技艺传承保护单位被文化部认定为第二批国家级非物质文化遗产生产性保护示范基地……

回顾朵云轩一百多年来的历史，它从来都不缺少荣誉，难能可贵的是，它从未停下过自己的脚步。2009 年，在上海文艺出版集团部署下，朵云轩进行体制机制改革，通过从传统业态向现代艺术品经营企业转型，并实施品牌扩张战略，朵云轩成功进驻济南、杭州等地，实现经营规模的跨越式发展。2011 年 12 月，朵云轩自筹资金数亿元、在寸土寸金的上海徐汇滨江地带开工，建筑面积 3 万平方米的朵云轩艺术中心，于 2015 年建成并投入使用，百年朵云轩在这个大舞台上踏上新的征程。2015 年下半年，朵云轩网络拍卖平台“同步拍”首次开通，通过互联网的技术手段，实现了线上线下的拍卖同步，为朵云轩的客户们带去更多的便利，这也是朵云轩为广大藏家提供更优质贴心服务的重要举措。

作为一个具有深厚历史文化内涵的百年品牌，朵云轩不断挖掘市场空间，拓展自己的业务范围，曾经在沪上名噪一时的十几家文化老店，到今天只有朵云轩还越战越勇、在南京路上占有一席之地。如今，位于“中华第一街”南京路步行街的朵云轩门店，经营

着传统的文房用品、木版水印、艺术礼品、翡翠珠宝等商品，享誉海内外。除此之外，依托品牌的力量，朵云轩已经发展成为包括上海朵云轩有限公司、上海朵云轩拍卖有限公司、上海朵云轩古玩有限公司、上海朵云轩文化经纪有限公司、上海朵云轩电子商务有限公司、上海朵云轩艺术发展有限公司、上海朵云轩文化实业有限公司、上海朵云轩艺术进修学校、上海博古斋拍卖有限公司等多家实体在内的集团公司。毫无疑问，朵云轩已然成为上海文化艺术品产业的龙头企业，传承海派文化的最佳代表。

（高　俊）

中华书局

中国近现代出版业的代表——中华书局，是集编辑、印刷、出版、发行于一体的出版机构，全名为中华书局股份有限公司。中华书局是在辛亥革命的直接影响下建立起来的，1912 年元旦中华民国宣告成立，同一天，由陆费逵筹资筹备已久的中华书局创办于上海。

创办人陆费逵在年轻时就接受了维新思想和革命思想，一生追求进步，十分关心社会进步、国家富强。他曾经自办学校，主张普及教育，学习新学或西学，反对尊孔读经；主张缩短学制，实行男女同校；并且支持统一语言，简化汉字，并采用俗字体等。1905 年，参与武汉组织革命团体——日知会，开始从事革命活动。他还开办书店，销售《革命军》《警世钟》《猛回头》等革命书籍，又接办《楚报》，任主笔。后来，因为他以言论为武器，触犯到当局遭到通缉，逃亡来到上海，经历一番起起伏伏后，陆费逵进入商务印书馆担任国文部编辑、出版部以及《教育杂志》主编。① 辛亥革命的爆发，使陆费逵看清革命的发展形势，认为腐朽的清政府必将被推翻，民主共和将取而代之，而到时候适合民国的中小学教科书将十分紧缺。于是，满心抱负的陆费逵暗中策划编写新的中小学教材，并同时准备建立自己的新的出版社。果不其然，伴随着中华民

① 俞筱尧、沈芝盈：《陆费逵创办中华书局一百周年》，《出版史料》2011 年第 4 期。

国的成立，适用于新时期的各种教科书同时出版，中华书局的成立一鸣惊人。①

创立之初，中华书局以出版各种中小学教科书为主，并印行古籍、各类科学、文艺著作和工具书等。1914 年，中华书局在现在的南京西路建厂 43 亩，建成二层楼房 5 幢、平房 4 幢，1924 年扩建二层楼房 25 幢、平房 4 幢，制版、印刷、装订、货栈设备齐全、技术成熟、功能完备，成为当时上海最大的印刷基地。中华书局以出版教科书起家，但是在当时办印刷厂几乎是出版企业是否有实力和资本的标志。中华书局在印刷方面虽然起步晚，但是后来居上，即使与专门做印刷的同行相比，也长期处于领先地位，成为印刷业的先进代表。

中华书局的发展并不是一帆风顺的，在 1916 年创办就出现了一次大事件，被称为中华书局历史上的“民六危机”。1916 年 6 月，中华书局举行第六次股东常会，决议增加资本 100 万元。但到年底，只招到 60 万元的资金，加上原有资本一起合计 160 万元。由于中华书局购买用地建筑房屋、添加分局、扩大印刷业以及推广经营等项目就在过去的两年内话费超过八十多万，中华书局陷入财政危机。为了渡过难关，陆费逵在董事会议上提出与商务印书馆联合的建议。但是后来由于决策层没有得到统一的意见，协商未果而放弃。推荐史量才继任局长，但又因史量才反悔作罢。这时，常州巨商吴镜渊联合几名富商士绅，组织“维华集团”，贷款给中华书局，这才得以渡过危机，并逐渐恢复生气。②

① 李侃：《中华书局的七十年》，《出版工作》1982 年第 1 期。

② 周其厚：《陆费逵与中华书局史实辨析》，《首都师范大学学报（社会科学版）》2010 年第 3 期。

中华书局1916年在上海福州路建成五层大厦；1933年在香港建成占地17亩的厂房，建立印刷分厂；1935年在上海澳门路以12亩土地建成钢筋混凝土结构厂房，再配以进口机械、德籍与日籍的技师和中国技术人员，建成新印刷厂，并迁入总办事处、编辑所、印刷所和图书馆，使之成为印刷业的先进代表；1947年成立台湾分局……中华书局从上海起步并发展，到抗战前夕，中华书局员工已有5000人，其中总公司和各地分局有1000人、上海新老两厂有2000人，香港印刷分厂有2000人。全面抗日战争期间，中华书局虽然在极度困难的情况下勉强生存下来，但是早已今非昔比，面临危机。

新中国成立初期，中华书局不再出版中小学教科书，遍布全国的分局入不敷出，为了减轻经济负担，中华书局联合商务印书馆和开明书店向出版总署表示出希望成立一个公私合营的发行组织的愿望，将发行所从书局剥离出来。1951年1月，在出版总署的牵头组织下，中华书局、商务印书馆、开明书店、联营书店和三联书店5家出版社的发行组织合并，成立了公私合营性质的中国图书发行公司。1954年劳动节，经过充分的协商和筹备之后，中华书局开始实行公私合营，总公司从上海搬到北京，开始主要出版古农书、文史以及俄国语文书籍。

1954年4月，中华书局被改组为财政经济出版社，留在上海的先称中华书局上海办事处，留了中华书局上海编辑所、中华书局辞海编辑所、中华书局上海印刷厂，福州路总店已在1951年成为中国图书发行公司上海分公司。大浪淘沙，又是近50年过去后，中华书局上海编辑所成就了上海古籍出版社，中华书局辞海编辑所诞生了上海辞书出版社，同属上海世纪出版集团。中华书局上海印

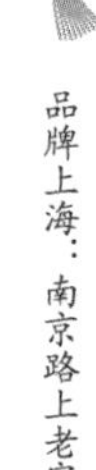

刷厂经多次改制重组后更名为上海中华印刷有限公司（现属上海文汇新民联合报业集团），于2008年迁至青浦。福州路总店归属上海新华发行集团，随着河南路拓宽，部分建筑被拆除，其余也被业主移作他业。①

1949年至今，中华书局累计出书两万余种，为学术研究提供了大量基本典籍，积极推动了学术研究与发展。从1958年至1978年，20年间，经毛主席、周总理批示，由中华书局组织整理、编辑出版的“二十四史”及《清史稿》点校本，被公认为新中国最伟大的古籍整理出版工程，是海内外学术界最权威的通行本。2012年，中华书局迎来百年局庆，在人民大会堂举行了中华书局成立100周年庆祝大会，品牌影响力空前扩大。在迈向多元化的企业发展道路上，中华书局不断探索，经过十年布局，中华书局数字化

① 汪跃华：《中华书局，留给后人的念想》，《印刷杂志》2012年第8期。

发展战略初见成效，自主研发的大型数字出版产品《中华经典古籍库》于 2014 年 6 月正式发布，收入 5 亿多字，869 种经典图书，中华书局这一百年品牌第一次走向数字出版，被业界誉为是最为可靠准确的古籍数据库。

如今 105 岁的中华书局，继续在弘扬传统、服务学术、传承文明、创新生活的路上健步前行。

（高　俊）

曹素功

世称“文房四宝”之一的墨是承载中国传统文化的典型代表。墨渊远流长，早在新石器时代已有天然黑色矿石作绘陶颜料的遗存。汉代纸的发明，促进了松烟墨的诞生。唐末战乱，易州（今河北易县）著名墨师奚超、奚廷珪父子避乱于歙州（今安徽黄山市），取得黄山古松练烟制墨，出“丰肌腻理，光泽如漆”的佳墨，受到南唐后主李煜的赏识，被任命为墨务官，“赐给国姓”改为李氏，① 此后，中国的墨业中心便自河北转移到了皖南。“徽墨”之后则作为中国墨中之精品，历经千年而不坠。随着江南地区文教的兴盛，清代徽州的制墨业十分发达，时有曹素功、汪近圣、汪节庵、胡开文四大制墨名家，其中又以曹素功徽墨为首推，有“天下之墨推歙州，歙州之墨推曹氏”之美誉。②

“曹素功”品牌的创始人曹圣臣，字素功，号昌言，原名孺昌，谥号荩庵，③ 安徽歙县岩镇人，生于明万历四十三年乙卯（1615 年），卒于清康熙二十八年己巳（1689 年），于清顺治十二年乙未（1655 年）中了秀才，十七年庚子（1660 年）成贡生，康熙六年丁未（1667 年）授布政司经历，但因为吏部考选有定期，一时不能得到实

---

① 曹墨文：《墨苑——曹素功》，吴汉民主编：《20 世纪上海文史资料文库》第 4 辑（商业贸易），上海书店出版社 1999 年版，第 261 页。

② 安徽省地方志编纂委员会编：《安徽省志 · 人物志》，方志出版社 1999 年版，第 940 页。

③ 蔡鑫泉：《曹素功名、字、号小考》，《紫禁城》2011 年第 7 期。

职，于是放弃做官的念头，这时他已经是 53 岁。① 据《墨林初集》素功自序中所述，他自青年时代就喜收藏历代名墨，在攻读科考之暇，追本溯源研究古代墨艺，对明代制墨大家程君房尤为敬佩。官场失意之后，他决定回乡研究制墨工艺。曹素功继承了休宁著名制墨家吴叔大的墨名、墨模，并将吴的肆名“玄粟斋”改名“艺粟斋”，正式开始制墨。他总结了我国秦汉时期隃麋（今陕西千阳县）和唐代易水的制墨遗法，不断研究改进，并广交上层人士，请他们试墨，听取意见，加以改进。由于他制墨讲究艺术而重实用，对墨模的雕、画力求精工细作，取烟和胶一丝不苟，因而声誉日高。② 据史料记载，曹素功一生先后创制了紫玉光、天琛、天瑞、千秋光等书画墨和“豹囊丛赏”、“古钱”等集锦丛墨，共 18 种。③ 而其最珍视和自豪的作品，当属“紫玉光”。相传清康熙帝南巡时，曹素功献墨，蒙赐名“紫玉光”，由是名气大扬。④ 曹素功最早所制“紫玉光”墨是以《白岳图》和《黄山图》为依据，面无框，有本色及涂金二种，后又有加漆框一种，全份 20 笏，分两屉，箧中仅得一屉 10 笏。⑤ 此后，清廷皇室的贡墨大都出自曹素功所制，清《歙县志》就有“紫玉光屡充贡墨，内廷供墨几尽取于徽歙曹氏”的记载。世人也以能得“曹墨”为荣。据说徽州司马邢谦得紫玉光后，赞曰“以锦绣之

① 周绍良：《曹素功家世》，《收藏家》1998 年第 6 期。

② 曹墨文：《墨苑——曹素功》，吴汉民主编：《20 世纪上海文史资料文库》第 4 辑（商业贸易），上海书店出版社 1999 年版，第 262 页。

③ 中共安徽省徽州地委宣传部、徽州地区文学艺术界联合会合编：《新安人物志》，安徽休宁县印刷，1983 年版，第 115 页。

④ 清末徐康《前尘梦影录》中说：“曹素功，休宁墨工，继程、方而起，于康熙六飞临幸江宁，进呈所制墨，蒙赐‘紫玉光’三字。”参见周绍良：《曹素功制墨世家》，北京古籍出版社 2003 年版，第 8—9 页。

⑤ 周绍良：《曹素功制墨世家》，北京古籍出版社 2003 年版，第 14 页。

文心，振奇巧于莲苑”，认为此墨果在程君房之上。曹素功善于交际应酬，凡有来访者，必热情款待，献之以墨，虚心请教，并求挥笔题词作墨的评语。晚年将各家为艺粟斋所题词赞整理编刊成《墨林》数册留传后世。①这是曹素功墨的第一次辉煌。

曹素功子孙世守其业，其长孙曹西候（名定远）掌管艺粟斋墨肆达40余年。曹西候继承祖辈治业勤、立身正、重信誉的遗教，用心研制，创有海屋筹、天章焕新、太平清玩等墨锭。其时江宁织造曹寅（曹雪芹的祖父）曾向曹素功墨肆定制题名“兰亭精英”墨。至于其他定制名墨以供收藏和自用的文人学士则更广，朝廷贡墨也日益增多，是自曹素功之后颇有发展的一代。②而曹素功墨的第二次辉煌是在清乾隆、嘉庆年间。1782年，曹氏家族析产，兄弟四人中，除长兄名不见经传之外，三个弟兄各设一分支独立经营。其中，六世孙曹尧千、曹德酬迁至苏州，开设墨肆。尧千氏墨庄，对制墨品质精益求精，在销售时更是爱惜羽毛，以信誉为上。据说，该墨庄素有“三不卖”之说，即：新墨不过一年的不卖，墨锭外观不平整的不卖，墨锭裂缺者不卖。凡是不符要求的墨锭，坚决返工重做。嘉庆年间，适逢

①② 曹墨文：《墨苑——曹素功》，吴汉民主编：《20世纪上海文史资料文库》第4辑（商业贸易），上海书店出版社1999年版，第262页。

清廷向徽州征召“制墨传习者”，曹尧千被招入京师制墨，艺惊四座，闻名天下。对此，曹素功特制“金殿余香”墨为纪，时亦有“尧千氏为曹氏之冠”之说。曹素功后世推崇和承袭尧千氏技艺，至今仍沿用“尧千氏”商标。①

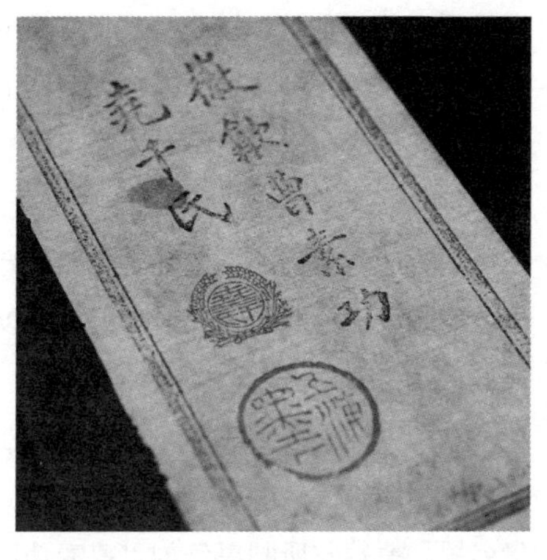

七、八、九世孙期间，频有兵燹，九世孙曹端友着手重振家业，将墨庄先迁至江苏常熟，再迁至苏州，最后于清同治三年（1864 年）从苏州迁到上海。初因财力原因，与人合伙经营，不久就独立设铺。

曹端友是一位很有作为的企业家，既严格遵守传统操作工艺，又有发挥和创新，他聘请名书画家作画题词，聘用名雕刻艺人雕制新墨模。其中著名的提梁集景墨，一套共 16 锭，墨面所绘狮、鹿、蛙、凤、猴、鱼、蟹等动物生动活泼，形象逼真，墨上的“位并三公”“五德全备”“桐圭宠贵”等题词笔力挺健，为收藏之佳品。同治年间，苏州才子陆润庠考取状元时所用的是曹素功“极品”墨，其任翰林院修撰时对曹墨仍是念念不忘、赞美有加：“熙朝妙墨溯曹氏，素功制法传云礽。坚刚密致世无比，玉壶璀璨流芳馨。光辉历久倍焕发，麝煤点漆螺纹清。一丸半挺胜什袭，名流宝贵逾瑶琼。”因为陆润庠的关系，一时许多企望能名列榜首的文人学士及求官运亨通的达

① 王振忠：《信有人间翰墨香》，《文汇报》2017 年 1 月 6 日，第 W03 版；孔令仁、李德征、苏位智、李岫：《中国老字号》拾（文化金融交通卷），高等教育出版社 1998 年版，第 362 页。

官显要们争相购买，曹氏“极品”墨遂畅销于市。上海是寸金之地，劳务酬金也高，更缺乏制墨、点烟技工，曹端友设法在安徽老家潜口建起了炼烟房，就地取材，采用当地桐油等原料，聘用当地点烟技工炼成油烟，运沪制墨。他还同技工一起钻研提高油烟质量之方，他在炼烟时加入动物油，使墨质更加光亮而有韧性。在桐油中加入适量生漆，炼成了更高级的漆烟，据说此以为曹素功墨首创。同时选用纯净广胶，加入天然麝香、金箔、梅片、冰片以及其他名贵中药材香料，经精工细作，制成墨坯，经过长期阴凉，任其自干后，描上金银色彩，制成“气清而质轻，色黝而香凝，金光璀璨，五彩斑斓”的高贵名墨。曹端友所制墨仍刻“曹素功珍藏”、“曹素功尧千氏制”等字样，故曹素功墨虽传至九世，其名仍响。①

曹端友是曹素功墨中兴的一代，他不仅经营有方，更成功重点培养其长孙曹麟伯传承制墨技艺。曹麟伯曾师从张小斋学画。在主持墨肆业务之余，又拜著名雕刻艺人王绥子为师，学得一手雕刻墨模的好手艺，为曹氏制墨史上掌握技术较为全面的一代。他与同时代书画名家如任伯年、吴昌硕、张大千等皆有交往，他们的书画作品大都取自曹素功。由名家带动，更因为其墨质的优良，墨模的精美，造型千姿百态，既供使用，又作观赏，产品不但为国人所欢迎，而且远销日本及东南亚等国家和地区。1914 年、1926 年，曹素功先后参加日本东京博览会、美国费城万国博览会，分别获得博览会金质奖章和奖状；同时商务印书馆向曹素功定版制墨，远销欧洲，从此，曹素功名扬欧美市场。

新中国成立之后，曹素功继续发扬传统制墨技艺，自产自销，

---

① 曹墨文：《墨苑——曹素功》，吴汉民主编：《20 世纪上海文史资料文库》第 4 辑（商业贸易），上海书店出版社 1999 年版，第 264 页。

业务有很大发展。1956 年全行业公私合营时，曹素功墨庄门市部与胡开文等墨庄合并，1966 年改名上海墨厂。“文化大革命”中，大量墨模被以扫“四旧”为名，付之一炬。但在制墨工人自发保护下，一批有价值的墨模幸而无损，如枕富阁、丹凤朝阳、西湖四十五景、大好山水、百寿图等驰名中外的墨模，其中部分早期作品已为藏墨家视为不可多得的珍品。改革开放后，上海墨厂出品的“尧千氏”牌油烟 101（五石漆烟）南级书画墨，1979 年荣获上海市优质产品证书，被评为优质名牌产品，获得著名商标称号；1980 年荣获国家银质奖，1981 年荣获商业部优质产品证书，1982 年又荣获国家银质奖。[①]1986 年，曹素功品牌得以恢复，经批为一厂两名“上海墨厂（徽歙曹素功）”。1989 年，曹素功再次荣获国家优质产品金质奖，多次接受国家礼品墨的生产任务，其产品 80％外销日本、韩国、新加坡、马来西亚、泰国等国家和地区，是本行业

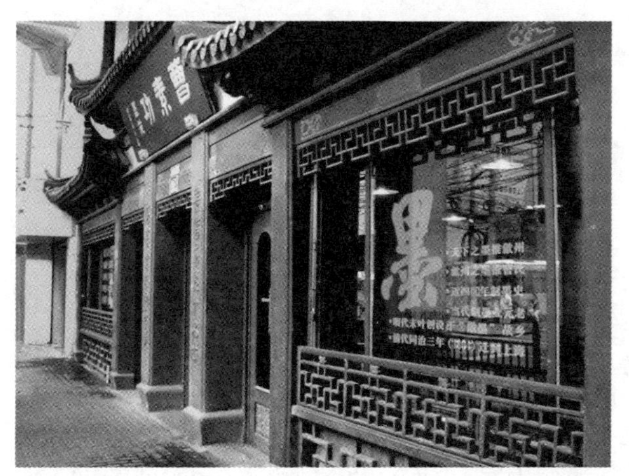

① 上海社会科学院《上海经济》编辑部编：《上海经济（1949—1982）》，上海人民出版社 1983 年版，第 1085 页。

生产、销售、出口额最高，国内外影响最大的一家企业。①

随着时代与技术的变迁，传统文化产品如何延续辉煌，同样也是曹素功面临的一大难题。2008 年，曹素功与作笔的老字号周虎臣合并，新生为“上海周虎臣曹素功公司”。为传承弘扬老字号笔墨文化，2008 年 8 月，上海笔墨博物馆建成并投入运营。几经曲折，“曹素功墨锭制作技艺”也成功入选国家非物质文化遗产项目。②2010 年，在上海世博会上，曹素功“世博”特许产品文房四宝大师珍品和谐套装通过审核，获准上市，上海周虎臣曹素功公司也成为上海世博会特许生产商。此次献礼上海世博会，再次在世博舞台上一展中国文房四宝的风采，向世界各地来宾再现周虎臣、曹素功的百年风采，展现了上海独具文化特色的城市生活。③

（徐　涛）

① 孔令仁、李德征、苏位智、李岫：《中国老字号》拾（文化金融交通卷），高等教育出版社 1998 年版，第 363 页；张庶平、张之君：《中华老字号》第 1 册，中国轻工业出版社 1993 年版，第 8 页。

② 申遗项目的具体内容请参见冯骥才总主编：《中国非物质文化遗产百科全书》代表性项目卷（下卷），中国文联出版社 2015 年版，第 756—757 页。

③ 上海品牌发展研究中心、上海东方品牌文化发展促进中心编：《上海品牌发展报告 · 2012——品牌与创新》，上海社会科学院出版社 2013 年版，第 248 页。

九、车行

得利车行

自行车1868年被引介入中国之后，首先登陆的就是上海滩。伴随骑车的人越来越多，自行车商行的生意也日渐繁盛起来。但自行车商铺开设门槛较低，开创伊始大多是商业街上一爿一开间的小门店。因为开设方便、利润丰厚，所以竞争异常激烈，开店闭店亦是常有之事。店铺能否在商业竞争中常处不败之地，多依托于店铺主人的个人能力和努力。

得利车行创建于1922年，创立伊始只有资金5000元①，店员不过5人，是设在海格路、静安寺路南（今华山路、南京西路南——笔者按）一爿一开间的以修理和出租自行车业务为主、兼营零售的小店。由于资力薄弱，得利车行不仅不能和禅臣、礼康等国外大洋行相比及，就是与国内同行同昌、大兴、润大车行相比也相差甚远。然而经过车行店主徐文渊的苦心经营，得利车行历经两次

① 关于得利车行创建时资金有两种说法：一种是原得利车行经理黄培霖在1983年11月发表的《旧上海最大的自行车商店——上海得利车行》一文中写道："资金1000元。"与之印证的回忆是1989年由江西科学技术出版社出版的黄铭兴编著的《上海名店经营诀窍》中记载的"各人（指沈戴发、徐文渊两人——笔者按）出资500元"；另一种是在上海市档案馆卷宗号Q78-2-16354藏档中，中国银行国外部委托联合征信所1946年6月17日所作的"得利车行的调查报告"记载："资金5000元。"前者虽是内部人士回忆，但车行开创之时黄培霖等并不在车行，且文章写就时间最短相隔61年之久，难免有错；而后者联合征信所所作的专业调查报告，又离车行开创之时较近，可信度更高。笔者在此采用后者记述。

大战（抗日战争和解放战争——笔者按）不衰反盛，不仅从海格路的旧店迁至自行筹资建造的南京西路1693号到1697号三层楼三开间的新址，而且先后在江苏南通、湖北汉口开设分店，主营业务也由修理、出租自行车，发展为经营自行车及零件的零售及批发业务，直到生产拥有自主品牌的自行车工厂，雇佣职工达到50多人，成为上海市脚踏车商业工业公会的第一号会员。到解放初期，1950年重估财产时，得利车行资金已达110余万元。到1956年公私合营时，车行的资金约占上海市全部自行车行业总资金的四分之一，成为全国最大的私营自行车商店。①徐文渊既是得利车行的创始人，又做了得利车行近30年的老板，得利车行的每一步发展、开拓都与徐文渊的努力分不开。可以这样说，没有徐文渊就没有得利车行。

徐文渊（1898—1952年）（见图），字鹤声，上海人，自幼只读了几年书，曾替外国人管过花园，后在飞龙车行任收账员。讲及徐文渊的个性，后来的得利车行经理黄培霖是这样描述："徐文渊虽然文化程度较低，但为人精明，平时沉默寡言，做任何事情不肯随便告人，故即使其至亲，好多事情也不知其详。但他肯刻苦钻研，埋头苦干。"②

由于少时有在车行工作的经历，徐文渊观其商行运作，知其利润可观，于是萌生了自己开设车行的想

①② 黄培霖：《旧中国最大的自行车商店——上海得利车行》，《上海文史资料存稿汇编》（第7卷　工业商业），上海古籍出版社2001年版，第106页。

法。但徐文渊家境贫寒，无力支付车行开创的首期资金。1922 年 1 月，徐文渊终于劝得朋友沈戴发同意，二人合伙开设一家车行。得利车行开创时，资金名义上是二人各半，但当时徐文渊的资金却也是由沈戴发垫付的。开店时，沈戴发任经理，徐文渊任副经理，但是店务却是由徐文渊负责经营的，沈戴发平时基本上不予过问。

车行开设初期，修理自行车兼营自行车出租，店小利薄。徐文渊于是就自任修理员，业务由他一手张罗。直到得利车行发展成全国闻名的大店后，徐文渊也是不改其总揽一切的习惯，事无巨细，样样都管，时间不够，就不惜起早摸黑，常常会一直工作到深更半夜。遇到专业问题自己不懂时，他身为老板也会不耻下问，最后练就了深厚的业务功底，积累了丰富的经验。

后来在徐文渊的努力下，得利车行从同昌车行手中争得了独家经销英国“兰苓”(Raleigh)、“海格列斯”(Hercules) 自行车和零件的权利，车行业务开始迅猛发展，一跃成为上海“六大车行”之一。因为此时车行开始涉足自行车进出口业务，接触外国客户渐多，徐文渊深感自己文化的不足，在自习中文的同时还抽空去夜校补习英文。后来，徐文渊不仅能够粗通中文，就是和外国客户交谈、阅读或书写一些简单的英文书信也是不在话下。在徐文渊的悉心经营下，得利车行不断扩展。原来在华山路的小店已经不能满足车行的发展需要。1933 年，徐文渊斥资在南京西路修盖了三层高的楼房作为车行新址。店内职工增至四五十人，除专营装配进口自行车，还用进口部件和国产零件大量组装“五旗牌”、“红狮牌”、“金马牌”、“标准牌”、“老虎牌”等自行车。由于车子质量好，深得消费者的欢迎。《申报》对他亦有高度评价：“静安寺路海格路口得利

车行主人徐文渊，少年干练、经营得力。”①

事业上的成功，也给徐文渊带来更多的业界声望和更高的社会地位。1936 年，徐文渊被选为上海市脚踏车同业公会执监会主任，1945 年，成功当选为抗战复会后的上海市脚踏车商业工业公会第一届理事长。②

解放战争接近尾声，上海市很多资本家开始将其产业转移至香港或台湾。徐文渊也于 1949 年 3 月准备将得利车行搬迁到台湾去。但得利车行内部的农工党地下组织号召职工阻止搬迁，发动了“四六”工潮，进行怠工。③经过激烈的谈判，徐文渊决定留下车行。1952 年，从得利车行老板位置上下来的徐文渊，郁郁寡欢，撒手人寰。

（徐　涛）

---

① 《得利新到纽汉特生脚踏车》，《申报》1928 年 8 月 30 日。

② 《静安区志》编纂委员会：《静安区志》，上海社会科学院出版社 1996 年版，第 1032—1033 页。

③ 《中国民主党派上海市地方组织志》编纂委员会：《中国民主党派上海市地方组织志》，上海社会科学院出版社 1998 年版，第 344 页。

同昌车行

19 世纪末 20 世纪初，自行车技术日臻完美，欧美各国工业化的流水线生产已然成型。中国人口众多、幅员辽阔，自行车市场潜力可谓巨大。然而在异质文明之中，如何将潜力市场有效发展成为实际利润，是困扰外商的普遍问题。外商洋行为加速打开自行车在中国市场的销路，开始物色华商作为代理，推销自行车，中国的自行车商人也就应运而生。清光绪二十三年（1897 年），原来设摊修理马车、人力车的诸同生，在上海的南京路 604 号开办了同昌车行（Dong Chong Cycle & Motor Co.），经营自行车及零配件，成为中国第一家自行车行，这标志着中国民族自行车行业的诞生。①

同昌车行的创设之初以代理生意起步，严重依赖欧美车厂的进口

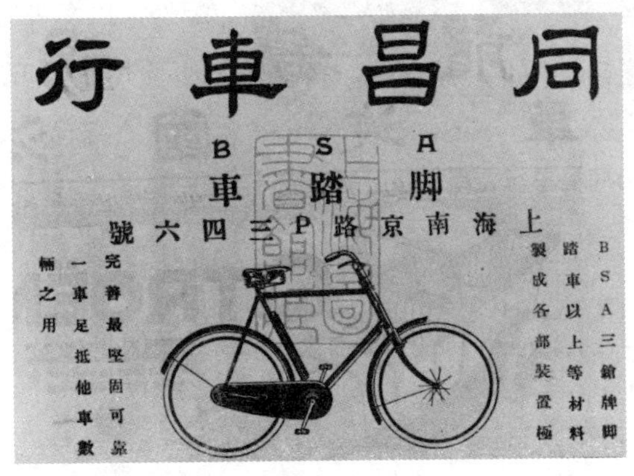

① 《同昌车行的调查报告》，上海市档案馆馆藏，卷宗号 Q78-2-16334。

货品。“除经销（英商）邓禄普（Dunlop）车胎外，还独家代理和独家经销英制三枪、台顿牌自行车，进价以96%优惠，货款规定3个月结算一次，实际上是卖出后结算。……车行经销本轻利厚流转快，发展迅速。”① 随着车行的业务不断扩展，关于全车进口，同昌车行还有如下进货来源：大炮牌（ROYAL ENFIELD CYCLES CO.）、凯旋牌（TRIUMPH ENGINEERING CO.）、② 英国亚力司牌、德国明星牌、惠脱勒牌③，等等；至于外货品牌的自行车零件更是不胜枚举。

在店主诸同生的刻苦努力下，同昌车行经销自行车生意，本轻利厚流转快，发展迅速。见有利可图，沪上华商中渐次有人转行至自行车营销商业，到1900年，上海已经有惠民、曹顺泰等六七家车行，同时销售人力车、马车及自行车零配件，以卖带修，商品畅销，生意兴旺。至1915年，上海已有近20家自行车商店。④ 商场如战场，

说明：此为同昌车行在南京路上的店铺

① 《上海日用工业品商业志》编纂委员会编：《上海日用工业品商业志》，上海社会科学院出版社1999年版，第239—240页。

② 《同昌车行的调查报告》，上海市档案馆藏档，卷宗号Q78-2-16334。

③ 《亚力司双飞车运到》，《申报》1924年3月27日；《明星牌新车到沪》，《申报》1924年3月11日；《同昌车行新到家庭运动脚车》，《申报》1934年9月26日。

④ 《上海日用工业品商业志》编纂委员会编：《上海日用工业品商业志》，上海社会科学院出版社1999年版，第240页。

经过一番激烈争夺，到1928年，同昌车行、得利车行、鸿利车行、大兴车行、润大车行和泰昌车行在上海众多车行中脱颖而出，时有“六大车行”之称，其中尤以同昌、得利居首。①

同昌车行之所以能在激烈商战中脱颖而出，自有一套领先同行的生意经，如下举二例：（1）与《申报》等媒体结盟。广告与近代大众纸媒的发展相辅相成，其产生与兴盛对工商业的发展起到积极的促进作用，不少华商巧妙地利用广告拓展自己的事业，同昌车行即是其中佼佼者。同昌车行常年是上海《申报》的广告大户，车行计划引进什么新货，已到什么货品，总不免投钱于《申报》广而告之，而且一刊即是数月之久。《申报》自然也投之以桃、报之以李，不断正面宣传同昌车行。“云南路南京路口同昌车行，开设有年，信誉素著，所售各种车辆，如同昌包车，三枪牌、飞马牌、飞人牌自行车以及哈雷台维逊机车等货真价实，购用之者无不极表满意。……该行营业因亦益臻茂盛。”②1930年12月4日晚，店主诸同生曾借由同昌车行新辟设“储款购车”、“信用存款”两部门，“假全家福西菜社欢宴报界”，上海滩上各大媒体记者赶到“数十人，席间由诸君报告添设两部门的主旨，旋由何西亚代表致答，至九时许，宾主始尽欢而散。”③可见诸同生与上海媒体之结好程度；（2）价格战的始作俑者。因为同昌车行起步早、规模大、实力足，遂常以价格战压迫竞争对手。同昌车行时常宣称自家售价“较他家为低廉云”④，最迟至1927年5月，同昌车行还率先在车行内部辟

---

① 黄培霖：《旧中国最大的自行车商店——上海得利车行》，《上海文史资料存稿汇编》（第7卷　工业商业），上海古籍出版社2001年版，第107页。

② 《同昌车行营业益盛》，《申报》1939年3月2日。

③ 《同昌车行扩充营业，昨晚招宴各报记者》，《申报》1930年12月5日。

④ 《同昌运到各式新车》，《申报》1923年5月12日。

设一处廉价部，专事特价车辆的出售和廉价活动组织。① 除直接减价之外，同昌车行还曾推出“利益代价券”等变相打折的行为。② 而声势最大的廉价活动，当属自1927年11月28日起至1928年1月6日止，长达40天的庆祝同昌车行30周年的大型纪念活动。③ 同昌车行通过此次30周年纪念活动，不仅成功赚得盆满钵满，而且在消费者心中确立了大行诚信的形象。尝尽甜头的同昌车行，复制起自己的“廉价+赠券”的商业促销模式，将这本是30周年才有一次的纪念大庆改为了一年一度周年大庆，自1928年至第二次世界大战爆发波及上海之前，同昌车行每至年底时周年纪念日即举办一场“廉价+赠券”的嘉年华活动，大大促进了该车行的发展。

此外，同昌车行很早就应用起了“分期付款”的营销模式，加速货品流通；利用金融杠杆，吸纳社会资金；内抓管理，外设分店，扩展商业版图等办法赢得市场竞争。同昌车行在南京、汉口④ 等地设立分营车行，将自己的商业版图扩展至全中国。

---

① “南京路同昌车行自设廉价部以来，各货不顾血本，大削其价，以故顾客纷至沓来，营业十分发达。各种脚踏车如狮子牌原价三十五元，现只二十七元；台维牌纯钢双飞车原价八十元，现沽五十五元；金狮牌纯钢双飞车原价八十二元，现只六十二元；并赠灯铃，以及脚车、包车上之一切零件，无不大廉特廉云。”《同昌车行廉价部脚车廉售》，《申报》1927年5月26日。

② 《同昌车行提倡国货脚踏车发行利益代价券》，《申报》1934年1月27日。

③ “南京路同昌车行自上月二十八日举行三十周年纪念大廉价，除将各货特别折扣外、曾再加赠奖券之举、其办法购货每满洋五元，即赠奖券一张，共有五大奖品：头奖为哈雷连边斗机脚车一辆、值银一千两；二奖同昌包车一辆；三奖三枪牌三飞脚踏车一辆；四奖同昌飞马牌脚踏车一辆；五奖四十六个，各得五元兑货券一张。”《同昌车行奖券摇彩延期》，《申报》1927年12月22日。

④ “同昌车行南京分行设在南京太平路225号，汉口分行设在汉口中山大道1258号。”《重估资产报告表》，上海市档案馆藏，卷宗号S218-4-74。

但商业发展没有工业支持，始终存在极大瓶颈。因是掮客生意，同昌车行在商品宣传上，自然是要“为他人作嫁衣裳”。在上海报纸所登广告中则常为所经销之欧美自行车企业做广告，如“英国伯明汉三枪兵器厂出品之三枪牌脚踏车，质料坚固，式样精美，世无匹敌，早经各国公认为世界脚车大王。我国向为本埠同昌车行独家经理，闻该行新近运到大批最新各式车辆内有跑车一种，全车只重26磅，轻快无比，世所稀有，故各界前往购车及参观者，非常热闹”①；“英国三枪牌头等三飞脚踏车，系南京路同昌车行所经理，新近又运来大批货物，不日即可陈列。此项车辆，为英国有名之枪炮厂所制，其车身用枪炮钢制成，故可耐用至数十年之久云”②，如此等等。

在发展过程中，同昌车行常常受到欧美车厂的垄断打压，利润渐趋微薄。为稳定货源、压低成本，诸同生最早开始采取贴牌生产的模式，即“与欧美厂家订定合同，冠以同昌飞马商标，以示可靠”③，打造自己品牌的自行车。

说明：此为《申报》1922年11月22日载“三枪”牌自行车广告

当资金、技术已然成熟，1928年，诸同生开始集资筹建制造厂。1930年10月13

① 《各界争购世界脚车大王》，《申报》1934年9月19日。

② 《三枪牌脚踏车到沪》，《申报》1924年3月28日。

③ 《飞马牌脚踏车新货又到》，《申报》1927年5月15日。

日选址在安远路360弄6号的厂房正式开工，厂名定为“同昌车行制造厂”，推出一款名曰“飞人牌”的国货自行车。

> 同昌车行去年特设大规模车厂于沪西槟榔路（今定远路），采用最新式机器，及欧美上等原料，与新发明电气烘漆，自造同昌飞人牌国货脚踏车一种，轻快坚美，与舶来品无异。现为推销起见，每辆特价，一只售五十九元。日来本、外埠往批购者日众，颇有应接不暇之势云。①

这种“飞人牌”自行车面世之后，果然取得了极大的成功，货品不仅销往中国各地，甚至远销东南亚诸国。

> 本埠南京路同昌车行开设三十余年，专售欧美车辆，并于前年设立制造厂，采办英德原料，购置德国科学电气烘漆箱等机械，制造纯钢国货脚踏车。同昌飞人牌精美坚固，价格低廉，人人可购，大众欢迎。东北发生战祸，各埠车行，纷纷批购“□”市，颇形畅销。该行主人诚心提倡国货，并不借此涨价。今闻南洋群岛各埠均有接洽分售。国货脚踏车不独畅销国内，且可风行海外，此亦提倡国货声中之好消息也。②

除“飞人牌”，同昌车行还制售“猛狗”“飞虎”“飞熊”“飞鹰”“燕子”等商标的国货自行车。毋庸讳言的是，一直到新中国成立，中国民族自行车工业大部分关键零件的生产和所用的原料还

---

① 《国货脚踏车畅销》，《申报》1931年8月13日。

② 《国货脚踏车之畅销》，《申报》1932年4月24日。

是需要国外进口，并未完全摆脱对于国外自行车工业的依赖。

新中国成立后，由于帝国主义的经济封锁，上海自行车工业面临原材料供应、产品销路和资金周转等重重困难，车厂独立生存下来的可能性微乎其微。在“联营”制度、公私合营运动的背景下，同昌车行制作厂作为中心厂，与上海市铁床车具生产合作社、中华五金医疗器械生产合作社、亚美钢圈厂、商顺隆电镀厂、金山铁工厂等其他17家中心厂以及一部分小厂，共计267家单位合并组成“上海自行车三厂”，生产“凤凰牌”自行车，延续至今。①

（徐　涛）

① 《上海轻工业志》编纂委员会编：《上海轻工业志》，上海社会科学院出版社1996年版，第197页。

后记

上海由商而兴，因商立市，因市聚人。商业发展到臻致，即出品牌。购物发展至成熟，即重品牌。品牌对商家而言，是口碑和名片，代表着历史传承和品质追求。品牌对顾客而言，是品位和身份，代表着质量信赖和生活追求。作为近代以来中国的商业中心，上海以其规范的市场秩序和良好的营商环境，培育和发展出众多闻名遐迩的商业品牌。作为上海的商业中心，南京路以其优越的地理位置和成熟的营商文化，吸引和集聚了最具竞争力的老字号品牌。在近代，南京路上的国际饭店、培罗蒙西服、吴良材眼镜、得利车行、王开照相馆、大光明电影院等商业品牌，已经给中外顾客展示了上海的商业质量，并引领着全国的消费风尚。新中国成立后，在南京路集中展示的凤凰牌自行车、上海牌手表、熊猫牌缝纫机受到千万户中国百姓的喜爱，也留下了一个时代的记忆。

今天，上海全力打响“上海购物”品牌，加快建设国际消费城市，更为注重品牌软实力在全球商业舞台上的影响。中央也始终强调“品牌强国”战略的重要性，重视保护和推动中华老字号品牌的建设。在国家公布的“中华老字号”品牌中，上海现有老字号品牌222家，其中商务部认定的“中华老字号”企业180家，居全国首位，而近半数则集中于号称“中华商业第一街”的南京路。从当年的东方巴黎，到今天的国际大都市，商业品牌既是人民生活水平提高的需求，也是上海与国家发展的战略需要。梳理上海品牌老字号的历史脉络，讲述其创业发展故事，汲取其市场运作智慧，感受其商业开拓精神，对今天上海历史文脉和城市文化的打造，也有着借鉴意义。南京路上璀璨林立、经受历史考验的品牌老字号，是历史留给上海的宝贵财产，也是最有价值的研究范本。

本书系南京路老品牌系列丛书中的一本，该系列丛书由时任上海社会科学院副院长谢京辉研究员于 2017 年底倡议发起，得到了时任上海社会科学院科研处处长邵建研究员、副处长李宏利的积极响应。目前，《舌尖上海：南京路上老味道》和《爱“购”上海：南京路上老百货》已经出版，《品牌上海：南京路上老字号》是该丛书中最后出版的一本。本书具体的撰写工作，由上海社会科学院历史研究所陆烨、高俊、江文君、徐涛、葛涛五位研究人员分工负责。其中陆烨负责序言部分，以及本书的统稿工作，其余四位各负责一部分品牌历史的撰写。特别感谢葛涛研究员在撰写之余，做了大量资料性工作，为本书的完成作出了贡献。研究生马文兰在资料查询、文字校对方面也提供了很多帮助。感谢石振新先生不辞辛苦，为本书提供了大量照片以作插图。同时也感谢上海人民出版社

罗俊华女士严谨细致的编辑工作，使本书能够顺利出版。在本书撰写过程中，还得到了其他同仁的帮助，在此一并表示最诚挚的谢意。

陆　烨

2020 年 10 月 25 日

于上海社会科学院

图书在版编目(CIP)数据

品牌上海:南京路上老字号/陆烨等著. —上海:
上海人民出版社,2020
ISBN 978-7-208-16782-7

Ⅰ. ①品… Ⅱ. ①陆… Ⅲ. ①老字号-介绍-静安区
Ⅳ. ①F279.275.13

中国版本图书馆CIP数据核字(2020)第206514号

责任编辑 罗俊华
封面设计 夏　芳

品牌上海:南京路上老字号
陆　烨　等著

出　　版 上海人民出版社
(200001　上海福建中路193号)
发　　行 上海人民出版社发行中心
印　　刷 上海商务联西印刷有限公司
开　　本 890×1240　1/32
印　　张 9.25
插　　页 4
字　　数 209,000
版　　次 2020年11月第1版
印　　次 2020年11月第1次印刷
ISBN 978-7-208-16782-7/F·2665
定　　价 48.00元